FISCHER BOOT

Tibor Wohl

Arbeit macht tot
Eine Jugend in Auschwitz

Mit einem Vorwort von
Hermann Langbein
Herausgegeben von
Benjamin Ortmeyer

Eine Veröffentlichung in Zusammenarbeit
mit der Arbeitsgemeinschaft
gegen den Antisemitismus
Holbein-Schule, Frankfurt

Fischer Taschenbuch Verlag

Fischer BOOT
Lektorat Christoph Göhler

Unter Mitarbeit von Günther Bernd Ginzel
und Gisela Klemt-Kozinowski

Originalausgabe
Veröffentlicht im Fischer Taschenbuch Verlag GmbH
Frankfurt am Main, Dezember 1990

Umschlaggestaltung: Buchholz/Hinsch/Hensinger
Satz: Fotosatz Otto Gutfreund, Darmstadt
Druck und Bindung: Clausen & Bosse, Leck
Printed in Germany
ISBN 3-596-10392-4

Inhalt

Wie dieses Buch entstand

Seit Jahren existiert an der Holbein-Realschule in Frankfurt am Main eine kleine Gruppe von Schülerinnen und Schülern, die sich bemüht, aus der Vergangenheit für aktuelle Entwicklungen zu lernen. Es begann damit, daß in der aktiven Auseinandersetzung mit neonazistischen Schülergruppen die aktuelle Wirkung der NS-Ideologie greifbar wurde. Durch die damals alarmierte Öffentlichkeit erfuhr auch Hermann Langbein in Wien von unserer Aktivität und bot uns seine Hilfe an, die wir nur zu gern in Anspruch nahmen.

Er half der »Arbeitsgemeinschaft gegen den Antisemitismus« – so hieß inzwischen die Schülergruppe –, auch als wir zusammen mit Amnesty International die selbst hergestellte Ausstellung »Würden heute Flüchtlinge wie Anne Frank in der BRD politisches Asyl erhalten?« auf der Straße zeigten und mit den Passanten darüber stritten. An der eigenen Schule erschreckte uns eine Umfrage unter Schülern über sogenannte »Judenwitze«. Eine der Gegenaktivitäten zu den verstärkt zu registrierenden antisemitischen Äußerungen unter Jugendlichen war eine Veranstaltung zum 49. Jahrestag der Reichspogromnacht 1987 mit jiddischen Liedern und Referaten über die tiefsitzenden Wurzeln des Antisemitismus.

Etwa zur gleichen Zeit erhielten wir von Herrn Langbein bei einem Treffen das Manuskript von Herrn Wohl. Wir nahmen Kontakt auf, und der Plan der Herausgabe dieses Buches nahm konkrete Formen an. Die Schülerinnen und Schüler, die das Manuskript von Herrn Tibor Wohl gelesen hatten, diskutierten einen Nachmittag lang bei laufendem Mikrophon über sein Buch.

Tibor Wohl kam 1969 in die BRD und hat inzwischen Enkelkinder. In Frankfurt war er schon vor 1969 als Zeuge im Frankfurter Auschwitz-Prozeß aufgetreten. Dort konnte er an der Garderobe so manchen SS-Mann treffen, der ebenso wie er seinen Mantel abgab. Die SS-Leute waren zum größten Teil auf freiem Fuß, und viele sind es in der BRD geblieben.

Auch in der DDR sagte Tibor Wohl in einem Prozeß aus – dem Verfahren gegen den SS-Arzt Fischer. Tibor Wohl mußte berichten, wie die SS-Ärzte an ihm pseudomedizinische Experimente durchführten, indem sie die Wirkung von Elektroschocks auf Menschen testeten.

In diesem Buch wird darüber nicht berichtet. Warum nicht? Tibor Wohl antwortete, daß er sehr viele schreckliche Erlebnisse, die ihn direkt betreffen, nicht beschrieben habe. Allein über diese pseudomedizinischen Folterexperimente müßte er ein gesondertes Buch schreiben.

Tibor Wohl sagte uns bei anderer Gelegenheit, daß er dieses Buch geschrieben habe, um beizutragen, daß die Wahrheit über Auschwitz bekannt wird. Er erklärte uns, daß er eigentlich vergessen möchte, dies aber nicht ginge, da ihn die Vergangenheit immer wieder einhole. Und als er beim Gespräch mit den Schülerinnen und Schülern über seine Ankunft in Auschwitz erzählte, da spürten alle, wie das gemeint war. Denn als er den Schülerinnen und Schülern von dem Geruch in Auschwitz, dem Geruch der verbrannten Leichen berichtete, da wiederholte er noch mal: »Ein Geruch war das...« Er konnte nicht weitersprechen, zu intensiv war die Erinnerung an die ermordeten jüdischen Frauen und Kinder, die ermordeten Familien der Sinti und Roma, an seine von den Nazis ermordeten Eltern und seinen 12jährigen Bruder.

Benjamin Ortmeyer

Einführung

Viele, die das Glück hatten, Auschwitz zu überleben, haben sich bemüht, ihre Erinnerungen festzuhalten; dazu fühlten sie sich denen gegenüber verpflichtet, die dort gestorben sind – ermordet wurden. Die Welt sollte wissen, was im zwanzigsten Jahrhundert in Mitteleuropa möglich war. Sie sollte anders werden, eine Wiederholung unmöglich machen.

Ein Teil der nachgewachsenen Generation hat Schlußfolgerungen gezogen. Der blinde Gehorsam, der damals viele verleitet hat, die Verantwortung für ihr Handeln denen zu überlassen, die als Autoritäten – Führer nannten sie sich so gerne – Befehle gaben, gilt nicht mehr bei allen Jungen als höchste Tugend. Pauschale Urteile über Menschengruppen – man nannte sie damals »Rassen« wie bei Hunden oder Pferden – werden nicht mehr von allen kritiklos nachgeplappert.

Wer Auschwitz erlebt unbd überlebt hat, weiß diese Entwicklung zu schätzen. Aber er erfährt auch immer wieder, daß sie nicht überschätzt werden darf. Das Gift nationaler Überheblichkeit, militaristischen Denkens, das der Nationalsozialismus einer Generation eingeimpft hat, wirkt nach.

Darum ist es gut, daß wieder ein Erlebnisbericht über Auschwitz herausgegeben wird. Jeder, der darüber schreibt, hat das KZ anders erlebt. Nicht nur, weil es verschiedene Lager gab – Tibor Wohl war in Monowitz interniert, dem größten Auschwitzer Außenlager, dessen Häftlinge in den Buna-Werken der IG-Farben Sklavenarbeit verrichten mußten; auch nicht bloß deswegen, weil Auschwitz im Jahre 1941 anders war als im Jahre 1944. Der Blickwinkel jedes Häftlings unterschied sich von dem eines anderen. Deshalb gleicht jeder Bericht einem Mosaikstein. Aus allen zusammen können wir uns ein ungefähres Bild von dem machen, was im Vernichtungslager Auschwitz Realität war; ganz vorstellen werden wir es uns niemals können – und das ist gut so.

So möge dieser Bericht Jugendlichen helfen, persönliche Schlußfolgerungen aus dem bösesten Kapitel unserer Zeitgeschichte zu ziehen. Um nicht mißverstanden zu werden: Er soll bei einem Nachgeborenen keine Schuldkomplexe entstehen lassen. Er möge aber das Verantwortungsbewußtsein für alles, was man tut – und auch für das, was man vielleicht unterläßt – stärken.

Ein Nachgeborener ist sicherlich nicht schuld an dem, was geschah, bevor er auf die Welt kam. Er könnte aber mitschuldig werden, weil er keine Lehren gezogen hat und nicht gegen Tendenzen auftritt, die seinerzeit zum Nationalsozialismus und dann konsequent zu Auschwitz geführt haben. Und eine solche Mitschuld müßte schwer wiegen.

Hermann Langbein

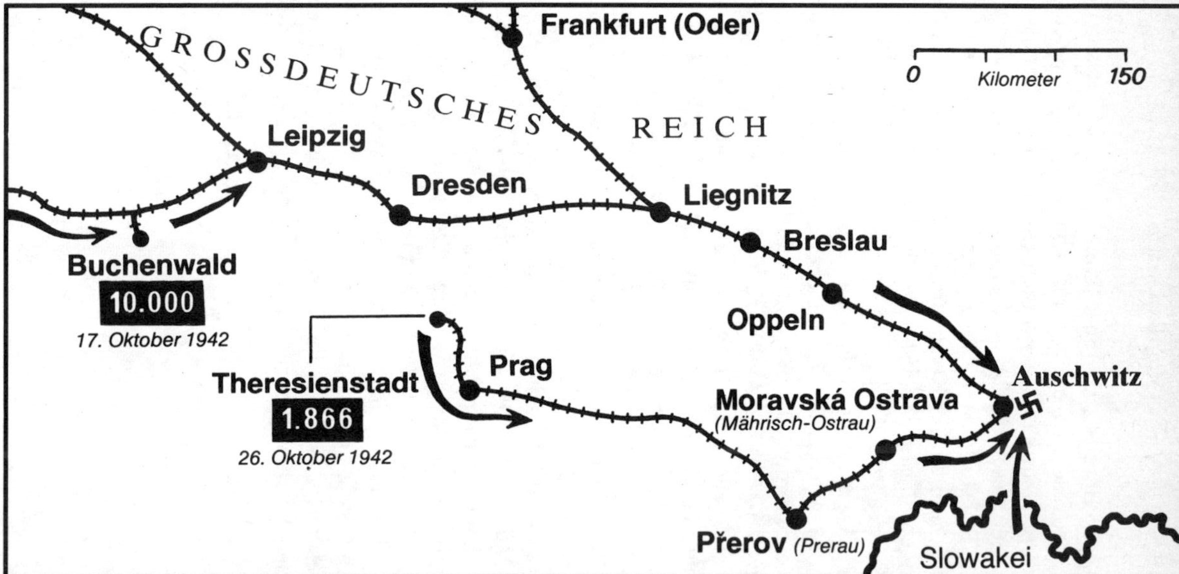

Tibor Wohls Deportation
aus: Martin Gilbert, »Endlösung«
Rowohlt Verlag © 1982 mit freundlicher Genehmigung

Verwaltungskonzern Ausschwitz

IG-Farben: Bereits 1939 entschloß sich die IG-Farben, in der Nähe von Auschwitz ein viertes Buna-Werk zu bauen, um den Bedarf der Wehrmacht an synthetischem Kautschuk zu decken. Gründe für diese Standortwahl waren einerseits das Vorhandensein von Rohstoffen und Energie, andrerseits aber vor allem das im Bau befindliche Konzentrationslager Auschwitz, dessen Häftlinge billigste Arbeitskräfte für den Bau und den Betrieb des Werkes abgeben sollten. Bald schon ging der IG-Farben die Häftlingsüberstellung zu langsam, und sie half nach: Sie finanzierte den Ausbau des KZs, sicherte den Bau von Häftlingsbaracken, sorgte für die Unterkunft der Gestapo und die Arrestzellen. Das KZ Auschwitz wurde in die Baupläne der IG-Farben aufgenommen. Eine Aktennotiz vom Dezember 1941 bestätigt, daß die IG-Farben zum Ausbau des KZs zwei Millionen Mark zur Verfügung gestellt hat. Als Gegenleistung erhielt die IG-Farben die jeweils gewünschte Zahl von Häftlingen. Im April 1941 konnte mit dem Bau des Vier-Milliarden-Projekts begonnen werden.

Die Zusammenarbeit mit der SS klappte bis auf nebensächliche Querelen um die Häftlingsverleihgebühr reibungslos. So stellte das verantwortliche Vorstandsmitglied für das IG-Farben-Werk Auschwitz am 12. April 1941 zufrieden fest: ». . . und außerdem wirkt sich unsere neue Freundschaft mit der SS sehr segensreich aus. Anläßlich eines Abendessens, das uns die Leitung des KZs gab, haben wir weiterhin alle Maßnahmen des KZs festgelegt, welche die Einschaltung des wirklich hervorragenden Betriebs des KZ-Lagers zugunsten der Buna-Werke betreffen.«

Verwaltungskonzern Auschwitz

Einleitung

Ich war achtzehn Jahre alt, als man mich am 10. Dezember 1941 aus Prag nach Theresienstadt brachte. Am 26. Oktober 1942 wurde ich von dort mit dem Transport mit dem Kennzeichen »BY« nach Auschwitz abtransportiert. Dieses Datum wird in den Geschichtsbüchern als die Inbetriebnahme des Auschwitzer Nebenlagers Buna-Monowitz bezeichnet.

Ich erhielt in Auschwitz die Häftlingsnummer 71255. Sie wurde mir am linken Unterarm eintätowiert, und damit begann für mich ein Lebensabschnitt, der siebenundzwanzig lange Monate dauerte.

Ich war unmittelbarer Zeuge des Verbrechens von Monowitz, aber nicht als prominenter Paketempfänger, sondern als normaler jüdischer, hungriger und entkräfteter Häftling. Ich arbeitete in Buna bis zum Herbst 1944 in normalen Arbeitskommandos, danach bis zur Evakuierung des Lagers in der Desinfektionsstation.

Dies hier ist ein Dokument. Alle darin vorkommenden Personen sind authentisch, genauso wie meine Erlebnisse.

Von den Millionen nach Auschwitz verschleppten Juden sind die allermeisten niemals ins Lager gekommen, sondern wurden unmittelbar nach ihrer Auswaggonierung an der Auschwitzer Rampe zu den Gaskammern eskortiert und gleich ermordet.

Als der Transport »BY« aus Theresienstadt in Auschwitz ankam, erhielten wir Häftlingsnummern mit Zahlen ab 71000 und galten als »Neue«. In Buna zählte man uns bereits nach wenigen Monaten zu den »Alten«; so groß war die Vernichtung durch Tötungen bei der Arbeit, in den Blöcken und durch die Selektionen in die Gaskammern. Im März 1943 wurde schon die Häftlingsnummer 135000 eintätowiert.

Von unserem Transport aus Theresienstadt »BY«, der am 28. Oktober 1942 mit 1866 Menschen im Konzentrationslager Auschwitz angekommen ist, haben diese Todesfabrik nach unseren Nachforschungen 17 Personen überlebt. Meine Eltern und mein zwölfjähriger Bruder wurden gleich nach der Ankunft des Transportes in der Gaskammer getötet.

Es mag immer noch viele Menschen geben, die nicht glauben wollen, daß man wirklich alles, was man ihnen nach vielen Jahren schildert, den Auschwitzer Häftlingen angetan hat. Man kann sie verstehen, denn für einen normalen Menschen ist es schwer, sich vorzustellen, daß so etwas möglich ist, daß ein Mensch einen anderen so behandeln kann.

Ich habe dieses Buch geschrieben, um einerseits nach den vielen Jahren eine Last von mir abzuschütteln: die Vergangenheit holt mich immer wieder ein, ich will vergessen, aber ich kann es nicht. Andererseits will ich dazu beitragen, die vollständige Wahrheit über Auschwitz aufzudecken. In wenigen Jahren werden die letzten Zeugen gestorben sein.

März 1988 *Tibor Wohl*

1 Der Transport »BY«

Der Güterzug mit 1866 Personen aus Theresienstadt* fuhr und fuhr, blieb lange stehen, rollte weiter, blieb wieder stehen. Keiner von uns wußte, wohin es ging, nur, daß wir in ein Arbeitslager eingeliefert werden sollten. Das Tageslicht kam nur mit wenigen Strahlen durch das kleine vergitterte Fenster in den Viehwaggon. Die Türen waren dicht verschlossen, die Luft unerträglich schlecht. Etwas Proviant hatte jeder noch aus Theresienstadt bei sich, aber der Durst plagte uns ununterbrochen.

Wenn der Zug irgendwo stehenblieb und wir draußen Stimmen hörten, riefen wir durch das vergitterte Fenster hinaus und bettelten um Wasser, aber wir bekamen nichts. Und der Zug rollte weiter. Auch einige Eisenbahner, an deren Menschlichkeit wir appellierten, gaben uns nichts. Immer wieder versuchten wir, die SA- und SS-Männer, die Begleitmannschaft unseres Transportes, zu rühren. Aber sie blieben unerbittlich und erlaubten auch nicht einen einzigen Tropfen Wasser.

* Am 24. November 1941 wurde in Theresienstadt – dem tschechischen Festungsort Teresin – ein Ghetto eingerichtet, in das bis zum Ende des Krieges 73614 Juden aus Böhmen und Mähren sowie Tausende von Juden aus anderen Gebieten des Großdeutschen Reiches deportiert wurden.

2 Ankunft in Auschwitz

Es war der 28. Oktober 1942, als wir nach dreitägiger Fahrt ankamen. Wir freuten uns auf die frische Luft, hörten, wie Befehle geschrien wurden. Plötzlich öffnete ein SS-Mann die Tür des Viehwaggons und befahl: »Alle aussteigen!« Häftlinge in gestreiften Anzügen sprangen in die Waggons und halfen den älteren Personen. Aus unserem Waggon wurden drei Leichen herausgeschafft. Es war ein unbeschreibliches Chaos.

Die Häftlinge des Kommandos »Kanada«* warfen die Koffer aus den Waggons auf die Rampe. Wir wollten unser Gepäck suchen, aber SS-Männer stießen uns mit Gewehrkolben in Kolonnen und schrien: »Los, los, rasch, rasch!« Die Kinder weinten vor Schreck. Man konnte keinen klaren Gedanken fassen. SS-Männer mit Maschinengewehren umstellten uns. Neben der Rampe warteten ein Lastwagen und ein Krankenwagen, der mit dem Roten Kreuz gekennzeichnet war.

In Kolonnen mußten wir an zwei SS-Offizieren vorbeigehen, die, ohne ein Wort zu sagen, einen nach dem anderen mit einem Handschuh nach rechts oder links wiesen. So teilten sie uns in zwei Gruppen. Die erste Gruppe bestand aus kräftigen jungen Männern bis etwa 35 Jahre; die zweite, größere, aus Kindern, Frauen und den übrigen Männern.

Säuglinge, kleine Kinder mit ihren Müttern und altersschwache Leute wurden in die Lastwagen gepreßt und abtransportiert. Wir jüngeren Männer mußten marschieren.

In dem allgemeinen Durcheinander und Geschrei hatte ich meine fünfundvierzigjährige Mutter, meinen neunundvierzigjähri-

* Die in diesem Arbeitskommando beschäftigten Häftlinge hatten die Aufgabe, den Juden gleich nach ihrer Ankunft im Lager an der Rampe alles Hab und Gut – die »Effekten« – fortzunehmen und in der Effekten-Kammer zu verwalten. Solange das Gepäck noch nicht sortiert und registriert war, konnten sich sowohl Häftlinge als auch SS-Angehörige aneignen, was immer ihnen gefiel. Der Name »Kanada« stand stellvertretend für ein großes Maß an Freiheit und Reichtum innerhalb des Lagers.

gen Vater und den zwölfjährigen Bruder ohne Abschied aus den Augen verloren.

Nach kurzem Marsch sahen wir Wachtürme und Stacheldrahtzäune mit Schildern: »Vorsicht Hochspannung« und Totenköpfe. Ein breites Tor mit der Aufschrift »Arbeit macht frei« durchschritten wir ohne Mißtrauen. Wir waren schon in Theresienstadt an schwere Arbeit gewöhnt, und von Auschwitz hatten wir nie etwas gehört. Nur um unsere Angehörigen machten wir uns Sorgen.

Die SS brachte uns auf den Appellplatz und zählte uns. Wir waren 247 junge Männer. Jetzt konnten wir unsere Umgebung genauer anschauen: grau in grau, trostlos, Ziegelstein-Baracken und Stacheldraht, so weit das Auge reichte, nur hier und da von einem Wachturm unterbrochen, von dem Maschinengewehre drohten. Unweit von uns arbeiteten an die hundert gestreifte »Geister«, lauter bleiche junge Männer, die die ganze Zeit im Laufschritt hin- und herliefen und niemals lachten oder lächelten. Sie wurden von Häftlingen beaufsichtigt, auf deren Armbinden groß »Kapo«* stand. Denen bereitete es sichtlich Genuß, ihre Untergebenen zu prügeln.

Mir fiel auf, daß die Insassen dieses Lagers etwas Gehetztes, ängstlich Angespanntes an sich hatten. In ihren grauen Gesichtern spiegelte sich die Öde und Grausamkeit der Umgebung. Bei diesem Anblick krampfte sich mein Herz zusammen. Ich fragte mich, ob ich auch bald so aussehen würde. Ich ahnte, daß sich hier eine furchtbare Tragödie abspielte. Meine Gedanken waren bei meinen Eltern und bei meinem Bruder, die sich, wie ich hoffte, in der Nähe befanden.

Dann stand ein SS-Mann vor uns und befahl, zu marschieren. Wir wurden in einen großen Waschraum gebracht, mußten uns ausziehen und alle unsere Sachen – Kleidung, Ausweispapiere,

* Kapo (oder Capo): Kapos gehörten zu den Funktionshäftlingen, die im Auftrag der SS niedrige Positionen in der Lagerverwaltung innehatten. Kapos wurden von der SS meist aus den Reihen der Berufsverbrecher ausgesucht. Das waren Kriminelle, die aufgrund ihrer Vorstrafen ins Konzentrationslager gekommen waren. Die Kapos beaufsichtigten die Arbeitskommandos, waren selbst von der Arbeit befreit, mußten jedoch für die Erreichung eines gesetzten Pensums sorgen. Sie hatten fast unbeschränkte Gewalt gegenüber den ihnen unterstellten Häftlingen.

Uhren, Schmuck – auf einen Haufen legen. Anschließend mußten wir uns auf Hocker setzen. Kahlgeschorene Häftlinge verpaßten uns die »Auschwitzer Frisur«: Erst wurden die Haare mit einer Schere abgeschnitten, eine Haarschneidemaschine sorgte danach für den vorschriftsmäßig kahlen Kopf. Ein anderer Häftling rasierte uns die Haare unter den Armen und die Schamhaare ab und beschmierte die Stellen mit Petroleum.

Danach öffnete man die Türen zum Bad, und wir wurden kalt abgeduscht. Schließlich erhielten wir unsere neue Kleidung: ein Hemd, das mir kaum über den Nabel reichte; eine dünne Unterhose, die bis unter die Knie reichte, aber den Leib nur teilweise bedeckte. Die Jacke ließ sich über der Brust nicht zuknöpfen, unten schloß sie nur mit Mühe, die Ärmel waren viel zu kurz und spannten an den Ellenbogen. Die Hose endete eine Handbreit über den Knöcheln. Man gab mir zwei verschiedene Holzschuhe: einer paßte, der andere war viel zu eng. Aber ich mußte hinein, denn ein SS-Mann stand bereits mit einem Stock bereit. Zum Schluß erhielt ich noch die kreisrunde, gestreifte schirmlose Mütze. Ich konnte sie nur wie eine Krone tragen, so hoch oben saß sie.

Ich blickte staunend an mir herunter. Dann sah ich die anderen an. Vor einigen Stunden hatten wir noch wie normale Bürger ausgesehen, jetzt glichen wir unglücklichen Clowns. Was machte man hier aus den Menschen? Waren wir durch den geschorenen Kopf und das gestreifte Gewand nicht mehr wir selbst? Äußerlich konnte man uns kaum wiedererkennen. Und innerlich? Ich fühlte mich nicht mehr als Zivilist. Ich war ein anderer geworden. Aber wer? Das Leben im Arbeitslager in Theresienstadt schien schon seit langem vorbei, ein neues Dasein hatte für mich begonnen.

Einer der Häftlinge, ein Landsmann, sagte uns direkt und ohne Beschönigungen: »Ihr seid hier in einem Todeslager, in Auschwitz. Außer euch lebt von dem Transport keiner mehr. Die anderen sind durch den Kamin gegangen. Der graue Rauch am Himmel, die Flammen und der üble Geruch – das kommt von den brennenden Körpern. Von jetzt ab geht es für euch nur um die Frage: Wie lange werdet ihr noch leben? Meistens überstehen die Neuankömmlinge hier nicht mehr als zwei bis drei Wochen, und nur wenigen gelingt es, drei Monate zu überleben. Ihr werdet unter Bedingungen arbeiten müssen, die schlimmer sind als die von Galeerensklaven. Jeder von euch muß versuchen durchzukommen, so gut er kann, so lange wie möglich am Leben zu bleiben.«

Wir hielten ihn für geistesgestört und schenkten seinen Worten keine Beachtung. Zum Nachdenken blieb uns auch keine Zeit, weil andere Häftlinge kamen, die uns unter der Aufsicht von SS-Männern genau durchsuchten. Was wir noch behalten hatten – Uhren, Halsketten, Ringe, Photographien, Taschentücher –, das wurde uns mit Ohrfeigen und Prügeln abgenommen.

Neben mir stand Dr. Beck aus Prag. Er bat höflich, daß man ihm wenigstens sein Doktordiplom der Karls-Universität lasse. Ein SS-Mann lachte höhnisch: »Brauchst du sowieso nicht mehr, ist viel zu gut für einen schmutzigen Juden!« Er zerriß das Diplom vor unseren Augen, warf es weg und gab seinem Besitzer noch ein paar Fußtritte.

Dann kamen wieder andere Häftlinge, die uns ohne unsere Ausweispapiere registrierten: Die Papiere lagen auf einem Haufen auf dem Boden. Schließlich mußten wir uns in einer Schlange nach Namen alphabetisch aufstellen und bekamen alle auf den linken Unterarm eine Nummer eintätowiert. Ich bekam die Nummer 71255. Wir hatten aufgehört, als Menschen zu existieren. An unsere Stelle war eine Nummer getreten. Jeder SS-Mann, jeder Blockälteste*, jeder Kapo konnte fortan willkürlich über unser Leben verfügen.

Als wir das Bad verließen, erschrak ich. Das gleiche Erschrekken sah ich in den Gesichtern meiner Kameraden. Menschen, wie wir sie noch nie gesehen hatten, wanderten auf der Lagerstraße. Nie im Leben werde ich diesen Zug vergessen. In Fünferreihen gingen, nein, schlurften sie. Mühsam zogen sie ihre Beine nach,

* Von der SS ausgewählte Funktionshäftlinge. Jedem Block – einem Wohngebäude für ca. 300 bis 1000 Häftlinge – stand ein Blockältester vor, der für Ordnung, Disziplin und die Durchführung der Befehle verantwortlich war. Dafür genoß er eine Reihe von Privilegien. Ein Blockältester hatte seinen Untergebenen gegenüber uneingeschränkte Gewalt, er konnte sogar töten. Erfüllte er seine Aufgaben nicht zur Zufriedenheit der SS-Blockführer, verlor er seinen Posten und war zudem der Wut seiner Mithäftlinge ausgeliefert. Diese Umstände machten ihn zu einem gefügigen Werkzeug der Lagerleitung.

wankten, einer hielt sich am anderen fest. Ihre Köpfe waren hautüberspannte Totenschädel, aus denen unheimlich große Augen starrten, ausdruckslos und gläsern. Sie sahen abwesend ins Leere: es war nicht einmal mehr ein Starren. Sie atmeten schwer. Einer stürzte, die hinter ihm kamen, wichen sehr langsam aus: es waren Bewegungen fremder Wesen. Der Gestürzte erhob sich langsam, als stiege er aus dem Grabe. Waren das noch Menschen? Lebten sie wirklich?

Danach übten wir stundenlang »Aufstellen zu fünft«, »Marsch« und »Mützen ab«. Viele Kameraden wurden dabei zu Tode geprügelt. Das Laufen in den Holzpantinen war sehr schwierig. Wer stolperte und fiel, wurde von den SS-Männern getreten, bis er aufstand.

Beim Appell wurden wir wieder von der SS gezählt und mehrmals mit unseren eintätowierten Nummern aufgerufen. Einer fehlte. Die SS-Männer wurden nervös und schlugen uns mit Gewehrkolben; die Blockältesten und Kapos schlugen mit Stöcken. Die Schläge klatschten auf unsere Köpfe und Rücken und hinterließen blutige Striemen. Nach mehreren Stunden wurde der fehlende Häftling tot im Waschraum gefunden. Wir waren völlig erschöpft; viele waren bei der »Aufnahme« ins Lager verwundet worden.

Nun mußten wir uns auf dem Appellplatz aufstellen und warten. Wir standen lange. Ich sah am Himmel den grauen Rauch und spürte den üblen Geruch. Ich dachte darüber nach, ob mein Landsmann im Waschraum mir doch die Wahrheit gesagt hatte.

Auf einmal begann sich der Appellplatz zu füllen. Die Arbeitskommandos marschierten ins Lager ein. Das war grausam anzusehen. Es wurden viele Tote mitgeschleppt und neben dem Kommando auf die Erde gelegt.

Nach dem Lager-Zählappell wurden wir in Block 6 A untergebracht. Dort gab es dreistöckige Schlafstellen. Jedem wurde in einer Koje sein »Bett« zugeteilt. Dann war Essensausgabe. Jeder erhielt ein Stück Brot, Margarine und eine Menageschale. In diese goß man uns ein faulig riechendes, dunkles Gebräu: es sollte Tee sein. Ich roch daran, kostete es und bekam Brechreiz.

Nach dem Essen hielt uns der Blockälteste einen Vortrag über Sauberkeit und Bettenbau, und daß in der Nacht niemand austreten dürfe, sonst schössen die Posten von den Wachtürmen. Der Blockälteste trug einen passenden Häftlingsanzug und Stiefel. Er hatte auf der Brust den grünen Winkel* der Berufsverbrecher mit einer niedrigen Häftlingsnummer und eine Armbinde mit der Aufschrift »Blockältester«. In der Hand hielt er eine Peitsche, mit der er die Häftlinge häufig ohne Anlaß prügelte.

Endlich durften wir uns hinlegen, aber ich konnte die Augen während der ganzen Nacht nicht schließen. Die verwundeten Kameraden stöhnten. Ich dachte darüber nach, wie es möglich ist, daß ein Mensch den anderen totschlagen darf und hoffte, daß meine Eltern und mein Bruder unter besseren Bedingungen lebten. Ich konnte nicht glauben, daß sie vergast und verbrannt worden waren.

Morgens mit der Lagerglocke fing wieder das Gebrüll an: »Aufstehen, ihr Drecksäcke! Los, los, rasch, rasch!« Und die Peitschen und Knüppel klatschten auf unsere Körper. »Bettenbau, los, los!«

Wir drängten uns zu sechst in dem engen Raum zwischen den dreistöckigen Betten und versuchten, Strohsack und Decke zurechtzuziehen. Die oberen Bettenbauer traten auf die unteren, und Stöcke und Peitschen waren wieder in Bewegung.

»Los, los, zum Waschen, rasch, rasch! Im Laufschritt!« brüllten der Blockälteste und der Stubenälteste. Auch im Waschraum waren Kapos als Aufseher, und es wurde heftig geprügelt.

Ohne Seife und ohne Handtuch spülten wir uns ab. Die Latrine nebenan wurde ebenfalls von Kapos beaufsichtigt. Wer sich länger als ein paar Sekunden dort aufhielt, bekam Schläge mit der Peitsche. Zurück im Block schrie schon der Blockälteste wegen schlechten Bettenbaus und bestrafte uns jeweils mit fünf Stockhieben. Ich sah dabei durchs Fenster: vier Häftlinge zogen mit einer

* Jeder Häftling hatte auf seiner Kleidung einen Winkel, der den Grund seiner Inhaftierung angab. So trugen zum Beispiel die »Berufsverbrecher« grüne Winkel, politische Schutzhäftlinge hatten rote Winkel, Zigeuner braune. Ein zusätzlicher Buchstabe wies entweder auf die Herkunft hin (roter Winkel und F = französischer politischer Schutzhäftling) oder auf eine besondere Klassifizierung (A = Arbeitsscheuer).

Karre voller Leichen an den Zäunen entlang und holten die Körper jener Häftlinge herunter, die an den unter Hochspannung stehenden Sperrdrähten ihrer Qual ein Ende gemacht hatten.

Wir wurden noch nicht in die Arbeitskommandos eingeteilt, sondern lernten erst die »Disziplin« im Lager. Wir übten sämtliche Schikanen: stramm Marschieren, Hüpfen, Rollen – immer von Schlägen begleitet. Und dann wieder: »Mützen ab!« Das mußte sofort und schnell ausgeführt werden. Wehe dem, der sich verspätete! Man belehrte uns, daß wir die Häftlingsfunktionäre* mit den Worten »Herr Blockältester« und »Herr Kapo« anzusprechen hätten. Wenn man einen von ihnen ansprach, mußte man die Achtungstellung einnehmen, vorschriftsmäßig »Mütze ab« durchführen und danach die stereotype Formel aufsagen: »Häftling Nr. ... meldet sich gehorsam.« Gelang es, sich schnell und fehlerlos zu melden, gab es manchmal keine Schläge. Aber meist brachte man irgend etwas durcheinander und bekam einen Schlag mit dem Stock oder wenigstens einen kräftigen Tritt. Besonders schlimm erging es ungeschickten oder irgendwie auffallenden Mithäftlingen, Großgewachsenen, Brillenträgern. Zwei Kameraden brachten Jiri Hauser in einem schrecklichen Zustand in den Block. Er war Brillenträger, etwa dreißig Jahre alt, zwei SS-Männer und ein Kapo hatten ihn so geschlagen, daß die Haut seines nackten Schädels an einigen Stellen geplatzt war. Tief eingefallene Augen mit blau-schwarzen Rändern wurden von schweren Lidern zugedeckt. Ich hatte mir niemals vorgestellt, daß man so lange sterben kann. Seine schwarzen geplatzten Lippen bewegten sich zuckend noch mehrere Stunden. Kurz vor dem Abendappell röchelte er das Wort: »Wasser.« Als ihm Kameraden Wasser brachten, gab er kein Lebenszeichen mehr von sich. Er wurde in die Leichenkammer gebracht.

Es war für uns Neuzugänge schwer zu verstehen, warum wir auch von Häftlingen mißhandelt wurden. Wenn sich ein SS-Mann zeigte, hatten wir die Häftlingsfunktionäre auf Schritt und Tritt im Genick, und ihre Stöcke teilten Schläge aus, wo sie nur treffen konnten. Wir waren noch nicht so abgemagert wie die Häftlinge, die schon einige

* Funktionshäftlinge, wegen ihrer Armbinden auch »Bindenträger« genannte Häftlinge, die niedrige Positionen in der Lagerverwaltung innehatten.

Wochen in Auschwitz zugebracht hatten, aber der Anblick meiner Kameraden war trotzdem fürchterlich. Die Mehrheit war am Kopf, im Gesicht und am Körper durch Schläge verwundet, und unsere Füße waren von den Holzpantinen blutig.

Erst gegen Abend ließ man uns ein wenig in Ruhe. Die Erholung dauerte jedoch nicht lange. Wir hörten die Schritte beschlagener Stiefel im sogenannten Tagesraum des Blocks. Nach einer Weile erschienen in der Tür des Schlafraums ein SS-Mann und der Blockälteste. Ein Stubendienst schrie: »Achtung!«

Wir sprangen aus den Kojen. »Verfluchte Bande, ihr Drecksäcke!« schrie der Blockälteste.

Gemächlich befahl der SS-Mann: »Hinlegen, auf den Fußboden!« Wir legten uns auf den Fußboden, aber noch ehe die letzten lagen, kam der neue Befehl: »Auf!«

Der Blockführer begann plötzlich zu schreien: »Auf! Hinlegen! Auf! Hinlegen!« immer weiter, ohne Ende. Der Schweiß floß über die Augen, das Hemd klebte am Körper. »Auf! Hinlegen!« Ich bekam keine Luft mehr. In den Staubschwaden hörte ich die unermüdliche Stimme des SS-Mannes: »Hinlegen! Auf!« Ich sah nichts mehr. Der Körper wurde immer schwerer, die Knie waren wie gelähmt. Wann geht das nur zu Ende? Endlich kein Kommando mehr. Sie gingen. Wir fielen nebeneinander in die Kojen.

Aus einer Ecke hörte ich ein geflüstertes Gebet; viele beteten mit. Da ertönte aus dem Tagesraum, wo die prominenten Häftlinge untergebracht waren, ein ohrenbetäubendes Gebrüll: »Ruhe da, oder wir machen weiter Sportübungen!« Es wurde still; wir schliefen müde ein.

Bald wachte ich wieder auf. Mein Bettnachbar Honza warf sich unruhig hin und her, schlug mit der Faust gegen die Koje und würgte, an Tränen fast erstickend, heraus: »Nein, das ist kein Traum, es ist Wirklichkeit!«

Ich konnte nicht mehr einschlafen und überlegte, was alles am ersten Tag in Auschwitz passiert war. Hunderte von Erniedrigungen, viele Schläge und Tritte, Verletzungen am Körper und im Gesicht. Wir hatten schon in den ersten Stunden im Lager viele Leichen gesehen. Es war abscheulich, was man hier mit Menschen machte. Die düstersten Szenen des Mittelalters und der Inquisition wurden ad absurdum geführt.

Bereits einen Tag nach der Einlieferung in das Konzentrationslager Auschwitz erkannte ich, daß mein Landsmann aus dem Waschraum die Wahrheit gesagt hatte. Wir waren in einem Todeslager. Dieses Lager war mit wissenschaftlicher Gründlichkeit eingerichtet worden, hier wurden methodisch und planmäßig Millionen menschlicher Wesen teuflisch und sicher zu Tode gebracht. Das »zivilisierte« und »kultivierte« Deutschland des 20. Jahrhunderts ist für immer mit dieser Schande gezeichnet.

3 Die ersten Tage im Lager Auschwitz (Buna-Monowitz)

Nach sechs Tagen Aufenthalt im Stammlager Auschwitz I wurden diejenigen aus dem Transport »BY«, die noch lebten, von der SS nach Buna-Monowitz gebracht. Wir gingen auf einer Landstraße an einer riesigen Baustelle entlang. Dort waren die IG-Farben-Fabriken im Aufbau. Dann bogen wir rechts ab in das Konzentrationslager Auschwitz III Buna-Monowitz.* Es gab bereits doppelte, elektrisch geladene Stacheldrahtzäune mit Betonpfeilern und Wachtürme mit Maschinengewehrposten rund um das Lager. Nur die Baracken waren noch nicht alle fertiggestellt.

Nach unserer Ankunft standen wir lange auf einem Platz hinter Block 9. Erst spät am Nachmittag erschienen drei SS-Männer. Gemeinsam mit den Blockältesten und den Stubendiensten hatten sie Mühe, uns abzuzählen. Sie zählten und zählten, kamen aber nicht auf die richtige Anzahl. Die SS-Männer brüllten und ließen ihre Wut an uns aus. Sie riefen jeden einzelnen der etwa 200 Männer mit seiner Häftlingsnumnmer auf; jeder mußte sich laut melden, seine Häftlingsnummer auf dem linken Unterarm zeigen und auf die andere Seite des Platzes hinüberlaufen. Unsere Bewacher begleiteten uns mit Stockhieben und Tritten. Wer stolperte, wurde geschlagen, bis er aufstand. Dann mußten wir lange in Achtungstellung stehen. Jede Minute schien unendlich zu sein. Die Füße starben ab. Wenn einer sich ein bißchen bewegte, schlug ihn sofort ein SS-Mann oder ein Häftlingsfunktionär ins Gesicht. Zur Strafe mußten wir auch Kniebeugen machen, mit den Händen am Hinterkopf. Es war schwer, lange Kniebeugen zu machen.

Schließlich schrie ein SS-Mann: »Ein Häftling fehlt, es soll sich derjenige melden, der ihn unterwegs beim Transport von

* Die IG-Farben, der größte Chemie-Konzern des Dritten Reiches, errichteten ab Anfang 1941 bei Monowitz eine chemische Fabrik zur Buna-Erzeugung. Eineinhalb Jahre später wurde gleich neben dem Werk ein Außenlager von Auschwitz gebaut, gedacht als Arbeitslager für die am Buna-Werk arbeitenden Häftlinge.

Auschwitz nach Buna hat flüchten sehen.« Stille. Niemand meldete sich. »Verfluchte Bande! Ich werde euch helfen! Ihr werdet so lange stehen, bis ihr verreckt!«

Es wurde immer kälter, und wir zitterten. Wir standen schon mehrere Stunden. Einer bat, austreten zu dürfen, aber man erlaubte es ihm nicht. Es blieb ihm nichts anderes übrig, als in die Hosen zu machen. Der erste von uns fiel um. Ein SS-Mann sprang hinzu und bearbeitete ihn mit dem Stock, aber er stand nicht mehr auf. Nach einer Weile fielen der zweite, der dritte und weitere. Dann hörten wir einen Kapo der SS melden: »Ein Häftling im Abort tot aufgefunden.« Die SS-Männer stellten fest, daß die eintätowierte Häftlingsnummer der Leiche mit der des Fehlenden übereinstimmte. Endlich durften wir in den uns zugeteilten Block gehen.

Plötzlich ertönte draußen ein seltsam schnarrendes Geräusch, wie von einem großen Wecker, dessen Klöppel die Glocke nicht berührt. Alle sprangen auf und griffen nach ihren Mützen. Schon ertönte es: »Antreten zum Abendappell!«

Ich setzte das seltsame Etwas auf, das eine Mütze sein sollte. Wir gingen hinaus. Vor dem Block hatten sich schon einige Häftlinge versammelt. Wir stellten uns in Reihen zu fünf Mann auf. Der Blockälteste gab das Kommando: »Im ... Gleich ... schritt ... Marsch!« Militärisch setzten wir uns in Bewegung, marschierten auf die Lagerstraße, dann nach einer scharfen Wendung geradeaus zum Appellplatz. Auf dem riesigen Platz waren schon mehrere Gruppen in Häftlingskleidung versammelt. Wir standen ziemlich nahe am Eingangstor, durch das ständig mehr Häftlinge kamen. Stumm reihten sie sich ein, nur wenige begrüßten einander durch Kopfnicken oder ein geflüstertes Wort. Auch Leichen wurden von den Arbeitskommandos herbeigetragen und neben die Lebenden gelegt.

Von vorne ertönte ein scharfes Kommando: »Achtung! Stillgestanden!« Bei dem Wort »Achtung« richteten sich alle auf, nahmen Haltung an. Bei »Stillgestanden« schlugen sie die Hacken zusammen, legten die Hände an die Hosennaht und blickten starr geradeaus. Es ertönte ein neues Kommando: »Mützen ... ab!« Die rechte Hand flog bei »Mützen« zum Kopf, bei »Ab« mit der Mütze wieder herunter, preßte sich dann ans rechte Bein und verharrte unbeweglich. Ohne den Kopf zu wenden schauten wir nach links, wo der Blockälteste stand. Auch er hatte das Kommando ausgeführt und seine Mütze abgenommen.

Jetzt kam ein junger SS-Mann mit schnellen Schritten auf ihn zu. Der Blockälteste stand stramm und meldete: »Block 5 angetreten mit Belegschaft von 186 Häftlingen.« Dabei reichte er ihm ein Heft. Der SS-Mann nahm es ihm aus der Hand, dann schritt er die Formation ab und zählte die Reihen, auf jede Reihe mit dem Finger deutend. Plötzlich blieb er stehen und brüllte: »Was ist denn das? Kannst du vielleicht nicht auf Vordermann aufschließen? Ja, du, dich meine ich, komm mal her! Los, raus mit mir, du Vogel! Na, wird's bald?« Alle standen still und unbeweglich, man konnte keinen Atemzug hören.

Der »Vogel« trat aus der Reihe heraus vor den SS-Mann und schlug die Hacken zusammen. Der SS-Mann fuhr ihn an: »Glaubst du, ich zähl' deinetwegen fünfzigmal, he? ... Mensch, sag was!« Und schon knallten eine, zwei, drei Ohrfeigen in das Gesicht des Gefragten. Er konnte nicht antworten, er verstand nichts, er war Tscheche. Er bekam noch einige Tritte, bevor der SS-Mann brüllte: »Hau ab, Saukopf, sonst mach' ich dich fertig!«

Er begann wieder mit dem Finger zu zählen, lief die Reihen ab und sagte dann zum Blockältesten: »Stimmt. Ruhen lassen.« Dann nahm er die Meldung des Blocks neben uns in Empfang.

Wir standen noch stramm, bis der Blockälteste das Kommando gab: »Block 5! Mützen auf!« Die Mützen flogen auf die Köpfe, die Hände sausten sofort wieder herab, ganz gleich, wie die Mützen saßen. Dann kam das zweite Kommando: »Rührt ... euch!« Ein Ruck, alle setzten einen Fuß vor und standen in lässiger Haltung. Jetzt erst richteten wir unsere Mützen. Bei »Rührt euch« war ein allgemeines Aufatmen zu hören.

Ich blickte zur Seite, bei den Blockinsassen neben uns stimmte etwas nicht. Eine Stimme tönte über den Appellplatz: »Du Aas, du stinkendes, wo kommst du jetzt her? ... Wo du herkommst!« Das war keine menschliche Stimme mehr. Natürlich drehte ich mich nach der Stimme um. Ich sah einen SS-Mann, er hatte die Hände in die Hüften gestemmt und schrie auf einen Häftling ein. Der Mann stand vor ihm stramm, die Mütze an der Hosennaht. Der SS-Mann trat ihn mit seinen derben Stiefeln wieder und wieder kräftig gegen die Schienbeine. Der Getroffene schrie auf. Da erhielt er einen Faustschlag unter das Kinn, daß er hochgerissen wurde. Und wieder trat der SS-Mann dem Wimmernden gegen die Schienbeine. »Du Hund, wo kommst du jetzt her?« brüllte er, und sein Gesicht war rot vor Wut.

Mich berührte eine Hand, mein Nebenmann flüsterte mir zu: »Nicht hinschauen, wir müssen geradeaus blicken. Wenn er sieht, daß du dich umdrehst, macht er es mit dir genauso.« Ich blickte wieder geradeaus. Von der Seite klangen Schreie und das Fluchen und Brüllen des SS-Mannes. Ich flüsterte meinem Nebenmann zu: »Was hat der Mann verbrochen?« Das Gesicht des Gefragten verzog sich zu einer Grimassse, dann flüsterte er zurück: »Das ist ganz alltäglich im Lager. Wahrscheinlich ist er zu spät zum Appell gekommen, das heißt, nur etwas zu spät, denn der Appell ist ja noch gar nicht überall abgenommen. Aber der Blockführer tritt immer gegen die Schienbeine, das ist seine Spezialität. Früher war er Bäckergeselle. Heute sind das die großen Herren hier, die Götter. Du bist machtlos, auch wenn sie dich zertreten. Siehst du die Toten an der linken Seite? Das sagt alles.« Von hinten stieß mich ein Häftling an: »Achtung! Es ist anscheinend doch schon abgezählt!«

Kaum hatte er es geflüstert, da ertönte über den ganzen Appellplatz eine laute, knarrende Stimme: »Achtung!« Ein Ruck ging durch die Reihen. Das nächste Kommando kam: »Still . . . gestanden!« Hunderte von Hacken knallten zusammen. »Mützen ab!« knarrte die Stimme. Das sausende Geräusch heruntergerissener Kopfbedeckungen und das Klatschen der Mützen an die Beine waren zu hören. Gleich darauf hieß es: »Augen rechts!« Alle Köpfe flogen in diese Richtung und verharrten. Über dem Appellplatz lag absolute Stille. Ich erblickte eine unübersehbare Menge glattgeschorener, weißlich schimmernder Schädel. Zugleich hörte man dieselbe knarrende Stimme. »Häftlinge zum Appell angetreten, ohne Neuigkeit.«

Nach einer kleinen Ewigkeit kam das Kommando zum Rühren. Die Mützen wurden aufgesetzt. Block um Block marschierte geschlossen ab.

Der Blockälteste von Block 5 war ein gefürchteter Totschläger, ein »Grüner«*, ein gewisser Raschke. Jeden Abend gab es Prügelstrafen wegen angeblich schlechten Bettenbaues. Die Prügelstrafen, die in anderen Blocks nur einzeln von Blockältesten verhängt wurden, waren bei Raschke umfassende allgemeine Maßnahmen für den ganzen Block. Ausgenommen waren nur die prominenten Häftlinge. Eine schreckliche Angst ergriff uns alle, wenn wir den Namen Raschke hörten. Wir waren diesem Blockältesten, einem eingefleischten Antisemiten, auf Gedeih und Verderb ausgeliefert. Er war der absolute Herr des Blocks, außer ihm existierte für uns keine Instanz. Er hatte zwei Stubendienste**, und auch diese übertrafen sich gegenseitig an Grausamkeit. Stasek und Bolek waren gutgenährte Burschen, kräftig und stark. Sie gingen ständig mit Knüppeln umher und schlugen jeden, wie es ihnen in den Sinn kam. Abends nach der Arbeit wurden die jüdischen Häftlinge von Raschke und seinen zwei Helfern so geprügelt, daß viele zerschlagen, blutig und verschwollen starben. Gestern waren zwei Kameraden unter den Knüppeln tot liegengeblieben. Heute wurden vier weitere vom Block in die Leichenkammer gebracht. Das Raschke-Regime lastete auf uns wie ein Alp. Stasek und Bolek waren zu Verbrechern im schlimmsten Sinne des Wortes geworden. Sie hatten sich mit Leib und Seele Raschke verschrieben, der für uns der leibhaftige Teufel war. Sie hatten nichts erkennbar Menschliches mehr an sich, waren zynisch, grausam und sadistisch. Mit perversem Vergnügen prügelten sie die Leute. Das hatten die SS-Leute aus ihnen gemacht.

Der Blockälteste Raschke war ein Saufkumpan des SS-Blockführers, er hatte freie Hand und tobte sich vor allem an den jüdischen Häftlingen aus; er verfolgte uns unerbittlich. Er war der Führer des Totenblocks. Unter diesem schrecklichen Terror verstummten wir alle und sahen kein Ende – nur den Tod.

Ehe man uns abends zu den Pritschen scheuchte, kam der Befehl: »Bettenbau üben!« Jeder kam dieser Aufforderung zit-

* vgl. Anmerkung S. 23

** Dem Blockältesten zur Unterstützung ausgewählte Häftlinge, die zum Beispiel Disziplin und Ordnung bei der Essensausgabe und beim Bettenbau überwachen sollten.

und hält auch was aus. Ja, den gebe ich nicht her, sicher ist sicher. Weißt du, bevor ich so langsam verrecke, bevor ich mich totprügeln und mit Wasser begießen lasse*, gehe ich lieber auf die Drähte oder durch die Postenkette, oder ich hänge mich auf. Was würdest du lieber tun: Dich aufhängen oder durch die Postenkette gehen? Was, denkst du, ist besser?« Er schaute traurig vor sich hin, dann wandte er mir den Kopf zu: »Man müßte sich hintenherum erkundigen, welcher Posten am besten schießt, und es bei dem versuchen.«

Wir schoben die volle Lore einen Hang hinauf. Es war unmöglich, dabei weiterzureden, denn es kostete zu große Anstrengung. Oben wurde die Lore gekippt, und gleich ging es wieder bergab, im Laufschritt zurück an unseren Arbeitsplatz.

Da kam unser Kapo »Eule«. Er schrie schon von weitem: »Wartet, ihr Hunde! Ich werde euch zeigen, wie man arbeitet!« Und er ergriff einen Prügel vom Boden. Jetzt war er schon ganz nahe herangekommen. Die Pickel und Schaufeln flogen nur so durch die Luft, wir arbeiteten fieberhaft. Aber es half nichts, er schlug und trat. Der Schweiß rann über unsere Körper. Die Loren füllten sich, bis auf eine, auf der noch etwas fehlte. Eule schäumte, die fünf Häftlinge an dieser Lore hatten es schwer, sie bekamen Prügel und Tritte, Eule tobte sich an ihnen aus.

Ein Kamerad stützte sich für einen Augenblick auf die Schaufel, für einen kurzen Augenblick. Er hatte die ganze Zeit über wie ein Besessener gearbeitet. Ein abseits stehender SS-Mann beobachtete ihn. Jetzt kam er mit langen Schritten auf uns zu. Eule schaute gerade in die andere Richtung und sah ihn nicht. Da stand der SS-Mann auch schon neben dem Kapo: »Paßt du so auf deine Leute auf? Nennst du das arbeiten? Na warte, dir werde ich den Arsch verhauen lassen.«

Eule stand stramm, riß die Mütze vom Kopf, die Absätze seiner guten, festen Stahlstiefel knallten zusammen. Die Kapos hatten in Buna immer gute Stiefel, sie trugen keine halbzerbrochenen Holzpantoffeln wie wir. Der SS-Mann deutete auf den Häftling neben mir, der erschrocken wieder zu schaufeln begann. Eule stürzte sich auf ihn: »Was? Hast du geschlafen, Aas, verfluchtes! Immer faul

* vergasen lassen, in der als Duschraum getarnten Gaskammer

ternd und so gewissenhaft wie möglich nach, denn man drohte uns mit Hieben auf den nackten Hintern, falls unsere Koje nicht ordentlich gemacht sei. Allein den Strohsack halbwegs in Form zu bringen, war nicht leicht. Er war in der Mitte tief eingesunken, und seine Seiten hatten sich gerundet, er sollte aber glatt und an den Seiten gerade, nicht rund sein. Ich faßte mit der Hand durch den Schlitz in der Mitte und zupfte das Stroh zurecht. Dann drückte ich die Außenseite des Strohsacks zusammen und legte die Decke auf. Glücklicherweise hatte ich sie richtig zusammengelegt, sie schloß genau ab. Nun mußte ich versuchen, den Kopfteil zu bauen und die Decke vorsichtig und genau in der Mitte über dem Ganzen aufzurollen. Es gelang. Aber dabei hatten sich Fältchen gebildet und bedeckten die ganze Oberfläche. Inzwischen hatte sich der Strohsack wieder an verschiedenen Stellen gesenkt. Ich versuchte erneut, zu ordnen. Hinter mir hörte ich die Stubendienste laufen und brüllen: »Ihr verdammten Drecksäcke! Wer hat euch früher das Bett gemacht? Wartet nur, wenn der Blockälteste das sieht, was ihr da baut! Er wird es euch schon zeigen!«

Plötzlich klopfte mir jemand auf die Schulter. Als ich mich umdrehte, schaute ich in ein freundliches Gesicht: »Wirst nicht fertig mit dem Bett? Ja, das ist zu Anfang gar nicht leicht, es will gelernt werden. Was du da gebaut hast, ist ja eine richtige Mausefalle.« Mein Helfer griff energisch unter den Strohsack, hob da und dort einige Stellen hoch, buchtete sie aus und schlug mit der flachen Hand gegen die Außenseite des Strohsacks. Mit Hilfe des Bettenbügels vollendete er das Werk, und mein Bett war gemacht. Prüfend betrachtete er es und sagte: »Ich bin über drei Jahre im Lager, da bekommt man Praxis im Bettenbau. Du mußt in Zukunft sehen, daß du schneller fertig wirst, sonst werden dich die Halunken erschlagen.« Sein Name war Arnost, er war im Jahre 1939 in Prag verhaftet, bis 1942 in Buchenwald inhaftiert und jetzt nach Buna verlegt worden.

Nach einer Weile wurden wir gefragt, ob wir mit dem Bettenbau fertig seien. Auf Anweisung Raschkes mußten wir mit einem lauten »Jawohl« antworten. Es war sein ausdrücklicher »Wunsch«, daß alle sein Fragen und Anordnungen immer mit einem lauten »Jawohl« beantwortet würden. Wir hofften, daß wir jetzt die Schikanen des Tages überstanden und endlich auf unseren Pritschen Ruhe hätten. Aber er fing an, die Betten zu kontrollieren, und natürlich fand er einige nicht gut gebaute Betten. Triumphierend wies er darauf und ließ sich einen Stock geben. Die betroffenen Häftlinge mußten sich nacheinander über einen Hocker legen und erhielten je fünf Hiebe. Ich erinnere mich, daß unter den Pechvögeln auch mein Kamerad Peter aus Prag war. Als er an die Reihe kam und auf dem Hocker lag, zielte Raschke in seiner Wut nicht mehr genau und traf das Rückgrat und die Nieren. Peter konnte nicht mehr schreien, nur noch röcheln. Blutverschmiert kehrte er zu uns zurück, aber sein Leben hatte eigentlich schon unter den Schlägen Raschkes auf dem Hocker geendet. Am nächsten Morgen war Peter über und über verschwollen und konnte kaum gehen, so daß er in den Krankenbau kam. Von dort kehrte er nicht mehr zurück.

Nach dem Appell am nächsten Morgen stellten sich etliche Kapos und Blockälteste zu beiden Seiten unserer Gruppe auf und brüllten: »Ausrichten! Kopf hoch! Gleichschritt!« Wer nicht richtig in der Reihe stand, wurde mit einem Fußtritt hineingestoßen. Die SS-Männer beobachteten uns aus etwa hundert Meter Entfernung. Einer kam näher und kommandierte mehrfach: »Mützen ab! Mützen auf!« Da unsere Bewegungen vermutlich zunächst nicht ganz gleichmäßig waren, kam der Befehl: »Hinlegen! Auf dem Boden rollen, aufstehen . . .!« Von den Kapos und Blockältesten angetrieben, mußten wir uns am Boden wälzen. Wenn einer diese »Übung« nicht zur vollen Zufriedenheit ausführte, schlug man auf ihn ein. Die SS-Männer hielten die Kapos dazu an, ihren Aufpasser-Dienst so streng wie möglich zu versehen. Schließlich durften wir wieder aufstehen, und erneut ertönte der Befehl: »Mützen ab! Mützen auf!« Diese Übung dauerte ewig. Vielen fiel dieses stundenlange Exerzieren und Schikaniertwerden schwer, und sie begannen, aufgrund der großen Anstrengung zu taumeln. Dies war der Augenblick, in dem sich die SS-Männer auf uns stürzten und einige Häftlinge zu Tode trampelten. Die toten Körper schob man beiseite, doch blieben sie in Reichweite, damit beim Abzählen niemand fehlte.

Als wir am Abend ganz zerschlagen auf den Pritschen lagen, kam der Blockälteste und hielt uns seine Standardrede: »Ihr sollt das Leben, das ihr bisher geführt habt, vergessen. Hier seid ihr in einem Konzentrationslager. Da haben die Juden noch ungefähr vierzehn Tage zu leben. Hinaus kommt ihr nur durch den Schornstein des Krematoriums. Denn hierher seid ihr nicht zum Leben gekommen. Wer nicht so lange auf den Tod warten will, kann den kurzen Weg zum elektrischen Drahtzaun wählen . . .« Nun wußten wir endgültig, daß das Leben für uns nur noch aus einem – vermutlich zeitlich begrenzten – Dahinvegetieren bestehen sollte. Wir wünschten uns, einzuschlafen und nie mehr aufzuwachen.

Am nächsten Morgen war es sehr kalt, es fiel Schneeregen. Wir Neuzugänge mußten vor dem Block zu fünfen antreten. Der Blockälteste verkündete uns, daß wir »Drecksäcke« ein paar Kilometer zur Desinfektion gehen müßten, da es die notwendigen Räume in Buna noch nicht gebe. Wir waren ja schon vor einigen Tagen in Auschwitz von den Lagerfriseuren kahlgeschoren und mit Petroleum beschmiert worden, aber der SS war die Sauberkeit der Häftlinge anscheinend sehr wichtig, daher mußten wir zum zweiten Mal die sogenannte Desinfektion durchmachen.

Wir marschierten über eine Stunde. Endlich kamen wir auf eine große umzäunte Wiese mit Wachtürmen an den Ecken. Wir standen zusammengepfercht auf einem Haufen. Plötzlich sprangen mehrere SS-Männer und Kapos ohne sichtbaren Grund zwischen uns. Mit Hilfe von Kolben- und Stockschlägen stellten sie uns in Reihe auf. Wir mußten unsere Drillichanzüge ausziehen und vor uns auf einen Haufen werfen. Der Reihe nach gingen wir zu einem Faß, das in die Erde eingelassen war und in dem sich ein Desinfektionsmittel befand. Nackt, vor Kälte zitternd, mußten wir darin ein Zwangsbad durchstehen. Manche von uns sprangen gleich wieder aus dem Faß heraus, doch das gefiel den anspruchsvollen SS-Männern nicht. Jeder mußte in die kalte, stinkende Flüssigkeit tauchen. Wer zögerte, bekam noch mehr Schläge als die anderen. Die belustigt dabeistehenden SS-Mäner wachten aufmerksam darüber, daß die »Desinfektion« ordnungsgemäß vor sich ging. Vielen Mithäftlingen drückten sie den Kopf mit dem Stiefel so lange unter die Flüssigkeit, bis es im Innern des Fasses gurgelte und sich auf der Oberfläche Luftblasen zeigten. Nach so einer Behandlung sprang der fast erstickte und verängstigte Häftling, wenn er noch die Kraft dazu hatte, aus dem Faß hinaus. Manche mußte man herausziehen, so schwach waren sie.

Ich sprang hinaus, fast ohne etwas zu sehen, weil die Augen durch das schmutzige und brennende Desinfektionsmittel verklebt waren. Dann wurde ich an eine zweite Stelle gebracht, um einen neuen Eingriff, ebenfalls desinfizierender Art, über mich ergehen zu lassen, als hätte es vorher kein Bad in dieser Flüssigkeit gegeben. »Hände hoch!« hörte ich brüllen und blieb erschrocken stehen. Man spritzte eine Desinfektionsflüssigkeit auf mich. »Herbeugen mit dem Arsch!« Ich spürte einen kräftigen Tritt, und in den Augen stach es fürchterlich.

Dann wurden wir unter Geschrei, Flüchen und ständigen Mißhandlungen von SS-Männern und Kapos zu fünfen zur »Entlausung« aufgstellt. Wenn eine Hundertschaft zusammen war, führten sie uns vor ein Gebäude, das einige Minuten entfernt lag. Wir liefen nackt über die schneebedeckte Wiese und drängten uns dicht zusammen, um wenigstens auf diese Weise die verfrorenen Körper zu wärmen. Wir zitterten vor Kälte und warteten auf desinfizierte Wäsche und Drillichanzüge.

»Ruhe da! Verfluchte Drecksäcke! Ruhe!« riefen die SS-Männer und Kapos, aber ohne Erfolg. Wir waren so verfroren und erschöpft, daß wir nicht gehorchen konnten. Es halfen weder Flüche noch Schläge. Das Stöhnen entrang sich unkontrollierbar unseren Kehlen. Es beinhaltete den Schmerz, die Hilflosigkeit und die Anklage gegen die Unmenschlichkeit. Manche lagen bereits ganz erschöpft nackt auf der schneenassen Erde. Endlich bekamen wir Wäsche und Häftlingsanzüge, und spät am Nachmittag marschierten wir ins Buna-Lager zurück. Viele Mithäftlinge blieben auf dem Desinfektionsgelände liegen; was mit ihnen geschehen ist, haben wir nie erfahren.

Innerhalb der nächsten Tage zeigten sich die »Erfolge« der SS-Männer: die Leichenkammer war überfüllt. Viele aus unserem Transport BY aus Theresienstadt bekamen nach dieser Desinfektion eine Lungenentzündung oder Durchfall – und das bedeutete den Tod.

4 Ein »ganz normaler« Arbeitstag

Tag für Tag sah unser Leben nun so aus: ausrücken, arbeiten, einrücken, etwas essen; krank werden, gesund werden oder in der Gaskammer sterben. Vergangenheit und Zukunft mußte man auslöschen. Ein paar Tage nach der Einlieferung in Auschwitz litten wir schon an chronischem Hunger, den freie Menschen nicht kennen, der nachts Träume hervorrief, und der in allen Gliedern unseres Körpers wohnte.

Die Glocke zum Aufstehen klingelte. Im Block 5 wurden wir im Morgengrauen durch die Schreie von Schlagenden und Geschlagenen geweckt. Blockältester Raschke, sein Stubenältester und die Kapos rannten zwischen den dreistöckigen Kojen hin und her, schlugen auf die Schlafenden ein und brüllten: »Aufstehen! Aufstehen!« In wenigen Minuten waren wir alle angezogen, hatten das Stroh in den Strohsäcken aufgeschüttelt und gingen zum Waschraum, um uns zu waschen. Dann stellten wir uns beim »Kaffee«-Kessel an. »Ordnung, ihr verfluchten Lümmel, sonst setzt es was!« ließ sich der Blockälteste hören.

Keinen Augenblick hörte der Stubenälteste auf zu schnauzen, während er uns einen halben Liter Kaffee ins Gefäß goß. Er unterbrach sich nur, um irgendeinem den Schöpflöffel um die Ohren zu schlagen. Nichts entging seinen Augen. Ob sich jemand außer der Reihe einschmuggelte oder wagte zu reden oder ob er seine Schüssel zum Eingießen ungeschickt hinsetzte: der Stubenälteste teilte sofort Schläge aus. Wo es nichts auszusetzen gab, schlug er aufs Geratewohl, um nicht aus der Übung zu kommen, weil es ihm Vergnügen machte, weil es der Blockälteste so wollte, weil der SS-Blockführer es forderte, weil es den Kapos gefiel, weil er sich dadurch auf dem Posten des Stubenältesten behauptete.

Dann ertönte der Befehl zum Marsch auf den Appellplatz. Dumpf stampften die Füße tausender Häftlinge über die Erde.

Schon hatte ich an meinen Füßen und am Körper Wunden, die nicht heilen wollten. Wir arbeiteten mit Schaufeln. Wir trugen Zement und Eisenstangen. Wir schoben Loren und Schubkarren.

Wir zitterten in Regen, Frost und Wind. Der Bauch war aufgedunsen, die Glieder dürr, das Gesicht am Morgen verschwollen und am Abend ausgehöhlt. Einige von unserem Transport BY bekamen graue Haut, andere gelbe; wenn wir uns ein paar Tage nicht gesehen hatten, erkannten wir uns kaum wieder.

Im Grau des Morgens, im Lichte der Scheinwerfer, hatte die Szenerie etwas Unheimliches, Geisterhaftes an sich: die hohen Türme, von elektrischem Licht angestrahlt; die grauen Gestalten, die mit schweren, müden Schritten und unpersönlich gewordenen Gesichtern in ihren nebelfarbigen Kleidern vor dem Block einherwandelten; das Ganze nahezu lautlos, nur einige halblaut gesprochenen Worte.

Auf dem Appellplatz nahmen wir unseren Standort ein. Von den Dächern der Baracken strahlten grelle Scheinwerfer herab. Sie erhellten den Appellplatz und durchdrangen den grauen Nebel. Die üblichen Kommandos ertönten, jeden Morgen die gleichen...

Die SS-Blockführer zählten die Häftlinge und gaben den Stand an den SS-Rapportführer Rackers durch. Schließlich wurde vom Rapportführer der Befehl zum Ausrücken gegeben. Das Tor ging auf, wir marschierten zur Arbeit.

Für die Arbeit auf dem Buna-Gelände waren wir in mehr als zweihundert Kommandos unterteilt, die jeweils aus zwanzig bis dreihundert Häftlingen bestanden und von einem Kapo befehligt wurden. Bei größeren Kommandos waren auch sogenannte Vorarbeiter und ein Oberkapo dabei. Zum größten Teil wurden wir zu Transport- und Erdarbeiten eingesetzt. Besonders im Winter oder bei Regenwetter war es für uns – ausgehungert und nur leicht bekleidet – sehr hart, im Freien zu arbeiten. Erst Ende 1943 wurden Spezialkommandos eingeführt. Das waren Elektriker, Schlosser und ähnliche Kommandos, die dann unter einem Dach arbeiteten.

Bei dichtem Nebel wurden wir im Lager gehalten, bis die Sicht wenigstens hundert Meter betrug. Jeder zweite Sonntag war ein gewöhnlicher Arbeitstag; an den sogenannten »freien« Sonntagen wurde an der Instandhaltung des Lagers gearbeitet, so daß es keine Ruhetage gab.

Die Häftlings-Lagerkapelle spielte zu unserem Aufbruch Militärmärsche. Der Lagerkommandant, SS-Obersturmführer Schöttel, weitere SS-Führer des Lagers und der Häftlings-Lagerälteste* Paul Kozwara, »PK« genannt, standen am Tor und beobachteten ihre »Untertanen«. Vor dem Tor erwartete uns eine Gruppe mit Maschinenpistolen bewaffneter SS-Posten, die später als Wache unseren Arbeitsplatz umstellten. Der Oberkapo Roksa, seine Kapos und die Vorarbeiter bildeten die ersten Fünferreihen, einige Kapos schlossen den Zug ab. »Links-zwei-drei-vier!« wiederholten sie mit solcher Wichtigkeit, als ob das Schicksal der Welt davon abhinge. Die ersten Fünferreihen stimmten ein Lied an. Keinem von uns war nach Singen zumute, aber alle mußten singen. Wenn die SS-Männer merkten, daß jemand nicht sang, so erhielt er einen Schlag mit dem Kolben oder einen Tritt. Unsere Bewacher sahen in jedem Häftling, der sich dem Singen entzog, ein dankbares Objekt für ihre Quälereien. Es kümmerte sie nicht, daß die deutschen Worte des Liedes für Franzosen, Griechen, Polen, Tschechen, Ungarn und Häftlinge anderer Nationalitäten schwer auszusprechen waren.

Nach der Ankunft an Ort und Stelle wurde die Kolonne, entsprechend ihrer Arbeit, in zwei Gruppen geteilt. Die eine sollte einen tiefen Graben ausheben, die andere sollte die ausgehobene Erde mit Schubkarren wegschaffen. All diese Arbeiten wären kein Unglück gewesen, wenn sie auch nicht leicht waren, weil sie auf sumpfigem Grund durchgeführt wurden. Aber der SS ging es nicht nur um die Arbeit. Die Häftlinge sollten, sobald sie bis zur völligen Erschöpfung ausgebeutet waren, vernichtet werden. Menschen gab es ja im Lager mehr als genug. Täglich wurden neue Transporte eingeliefert. Die Reserven waren also groß.

Auf Pfiff des Wachmannschaftsführers, SS-Scharführer Goering, liefen die Gruppen zu ihren Arbeitsgeräten, um so schnell wie möglich mit der Arbeit zu beginnen. Es war noch kalt, die Sonne gerade aufgegangen. Ich war in der Schubkarren-Gruppe. Ungefähr nach zwei Stunden Arbeit wurden wir bereits müde. Auf der anderen Seite des Grabens ging Goering vorüber. Sein Erscheinen

* Funktionshäftling, der von der SS als Verantwortlicher für das Lager eingesetzt worden war. Er schlug die Blockältesten vor, hatte große Macht über die ihm unterstellten Häftlinge, war jedoch seinerseits der SS ausgeliefert.

kündigte Schlimmes an. Wir sahen, wie er kurz mit dem Oberkapo Roksa sprach und dieser, schnell die ganze Länge unseres Arbeitsplatzes ablaufend, jedem Kapo und Vorarbeiter etwas sagte. Kurz darauf ertönten auf dem ganzen Arbeitsabschnitt schreckliche Schreie. Alle Stöcke, Stangen und Ochsenziemer waren in Bewegung. Das Gebrüll der Kapos und der Vorarbeiter vermischte sich mit den Klagerufen und Schreien der geschlagenen Häftlinge. Rasende Wut hatte die von Goering aufgehetzten Kapos erfaßt. Überall sah man die Todesangst auf den Gesichtern der Häftlinge, die ihre letzten Kräfte mobilisierten, um das rasende Tempo zu halten, das ihnen die Kapos aufzwangen. Sie hofften, so den schmerzenden Hieben zu entgehen. Dort, wo man den neuen Teil des Grabens aushob und andere Häftlinge die ausgegrabene nasse Erde weiterwarfen, versammelten sich mehrere dieser Verbrecher. Sie schlugen, wo sie hintrafen, nach rechts und links, auf die gebückten Rücken, und brüllten: »Los! Los! Ihr verdammten Hunde!« Ebenso stellten sich die SS-Männer und die Kapos entlang der Trasse auf, wo die Häftlinge die Schubkarren schoben, und schlugen jeden Vorbeigehenden. »Alles im Laufschritt!« brüllten sie. Wer nicht gleich folgte, wurde fürchterlich verprügelt. Also rannten wir mit unseren Schubkarren – und erhielten trotzdem Hiebe. Unser Kräftevorrat war bald erschöpft. Wir hielten dieses mörderische Tempo nicht durch. Ich fragte mich verzweifelt, wann diese blutige Raserei wohl ein Ende nehmen würde . . .

Goering beobachtete von einer erhöhten Stelle die Ausführung seines Befehls. Die Kapos und Vorarbeiter sahen alle Augenblicke zu ihm hinüber, um seine Zustimmung oder eine Auszeichnung zu erhalten. Sie übertrafen sich dafür gegenseitig an Grausamkeit. Auf Goerings Gesicht sah man Zufriedenheit. Schließlich bemerkten wir, daß am Ende des Arbeitsplatzes die Schreie aufhörten. Einzeln zogen sich die Kapos zu der Baubaracke zurück. Der eine oder andere gab einem ihm begegnenden Häftling noch einen Fußtritt. Für diesmal hatten sie genug von ihrem verbrecherischen Werk. Zerschlagen, erschöpft und wund an Körper und Seele, waren wir nur froh, daß dieser Wutangriff vorbei war. Wir arbeiteten weiter, ohne zu rennen. Während wir uns langsam beruhigten, spürten wir eines immer deutlicher: unseren großen Hunger. Alle Augenblicke schauten wir zu der Baracke, ob schon die Suppe in

Kesseln aus dem Lager angekommen war. Endlich kündigte Goerings Pfiff die ersehnte Mittagspause an. Wir konnten zum Sammelplatz laufen, wo die Kessel aufgestellt waren.

Als gepfiffen wurde, war ich mit meiner Karre gerade an der vom Sammelplatz entferntesten Stelle. Ich brachte meine Schubkarre noch an ihren Bestimmungsort. Plötzlich hörte ich, daß mir zwei SS-Männer zuschrien, sofort zum Sammelplatz zu gehen. Ich rannte los, so schnell ich konnte. Unterwegs überholte ich einen schwächeren Kameraden mit schmerzverzerrtem Gesicht. Die beiden SS-Männer erwarteten mich mit erhobenen Stöcken. Es gelang mir nicht, sie zu umgehen, und zwei schwere Schläge auf den Rücken brachten mich ins Wanken. Aber ich fiel nicht hin. Dann konzentrierten sie sich auf den Häftling, den ich überholt hatte. Wie sie mit ihm verfuhren, konnte ich nicht mehr sehen, so betäubt war ich von den Schlägen.

Zum Mittagessen stellten wir uns in Reihen auf. Ein Kapo goß die Suppe ein, ein anderer stand mit dem Stock daneben und trieb uns an wie bei der Arbeit. »Los! Los!« schrien sie. Nachdem jeder seine Portion erhalten hatte, war auf dem Grund des Kessels noch ein Rest der stinkenden Rübensuppe geblieben. Die »alten« Häftlinge bekamen einen Nachschlag. Hinter ihnen drängte sich der Rest der Häftlinge um den Kessel. Blind vor Hunger sahen wir nicht, was sich anbahnte. Die Kapos sprangen auf den Haufen zu und prügelten uns mit Stöcken und Knüppeln auf Köpfe und Rücken. Wir flohen. Kameraden, die sich nicht mehr wegschleppen konnten, wurden von den Kapos schwer verwundet. Es gab kein sauberes Wasseer, mit dem wir ihre Wunden hätte auswaschen können.

Goerings Trillerpfeife verkündete das Ende der Mittagspause. Auf dieses Zeichen hin mußten alle unverzüglich im Laufschritt an ihren Arbeitsplatz eilen. Also sprangen wir und begannen zu laufen, als ein wiederholtes Pfeifen uns auf der Stelle stehenbleiben ließ. Goering war unzufrieden mit unserer Geschwindigkeit. Natürlich war dies wieder nur ein Vorwand. Die SS-Männer und die Kapos nahmen ihre Stöcke fester in die Hand. Drohende Stille herrschte, und alle Augen waren auf Goering gerichtet. Endlich ein Pfiff – jeder fuhr zusammen und rannte los, so schnell es seine Kräfte erlaubten. Aber auf diesen Augenblick hatten auch unsere

Aufpasser nur gewartet. Sie warfen sich auf uns und schlugen, wohin sie trafen. Sie wollten sich vor ihrem SS-Führer auszeichnen. Am schlimmsten waren die Kameraden dran, die am vorderen Teil des Grabens arbeiteten, da sie durch den tiefen sumpfigen Boden waten mußten. Einige stürzten und konnten kaum an ihren Arbeitsplatz gelangen.

Als ich meine Arbeitsstelle erreichte, fand ich dort eine Leiche, mit einem Schubkarren zugedeckt. Es war der Kamerad, den ich überholt hatte, als ich zum Essen lief. Wäre ich ein schwächerer Läufer gewesen, hätte mich wahrscheinlich das gleiche Schicksal ereilt. Sollte ich mich des Lebens freuen oder den Toten beneiden? Schnell fing ich an zu arbeiten, um nicht aufzufallen. Ein Kapo hieß mich, die Leiche zu unserer Werkzeugbude schaffen. Als ich es nicht fertigbrachte, den Leichnam zu tragen, versetzte er mir erst Schläge auf den Rücken, doch dann gab er mir einen zweiten Häftling zur Hilfe. Wir waren schon so geschwächt, daß wir den Toten nur mit letzter Kraft an den angewiesenen Platz schleppen konnten. Wir legten ihn neben die dort schon liegenden Leichen.

Als wir zurückgingen, sahen wir den gefürchteten Oberkapo Roksa einen schon halbtot auf dem Boden liegenden Kameraden mit einem Stock auf den Kopf schlagen. Gleichgültig und rhythmisch schlug er zu, ohne darauf zu achten, ob sein Opfer noch am Leben oder längst tot war.

Wieder machten wir uns an die Arbeit. Mein Blick versuchte die SS-Männer und Kapos zu meiden. Alles war mir verekelt, was mit diesen Menschen in Verbindung stand. Sicher fühlten meine Kameraden dasselbe, aber sie schwiegen. Wenn nicht sofort, wenn nicht in einer Stunde, so würde man uns morgen oder in einem Monat erschlagen zurück ins Lager schleppen. Es war nicht dieses Ende, was uns solches Grauen einflößte, sondern die vorangehenden Qualen. Unsere Gruppe sollte sich bald an einen anderen Arbeitsplatz begeben. Wir konnten auf keine Verbesserung hoffen, weil sich dort mehrere SS-Männer aufhielten und es daher noch wahrscheinlicher war, Prügel zu beziehen. Am Nachmittag wurde uns erlaubt, die Schubkarren langsamer, also nicht im Laufschritt zu schieben. Trotzdem fühlte ich mich todmüde, und mir bangte vor dem Versagen meiner Kräfte. Die Zeit zog sich erbarmungslos in die Länge. Die SS-Männer und die Kapos waren still geworden.

Anscheinend hielten sie die Anzahl der heutigen Opfer für genügend. Als sich die Sonne senkte, durfte man hoffen, daß dieser Tag ohne weiteres Unheil zu Ende gehen würde. Aber wie vieles Schimpfen mußten wir noch hören, wie viele Schläge noch einstekken, wie uns mit der Schubkarre noch abmühen, ehe der ersehnte Pfiff, das Signal zur Einstellung der Arbeit, kam. Auf dieses Zeichen hin mußten wir die Geräte säubern, sie am angewiesenen Platz niederlegen und zum Sammelplatz vor der Bude laufen.

Die Kapos liefen die Kolonne entlang, prüften die Fünferreihen, zählten sie und schlugen uns wie gewöhnlich. Alle drängten wir uns in die Mitte der Reihe, wo man den Schlägen weniger ausgesetzt war als am Rand. Darüber gab es Verwirrung und Zank zwischen den Häftlingen, was wiederum die Wut der SS und der Kapos vergrößerte. Die SS-Männer kamen heran, um mit ihren Gewehrkolben die Reihen auszurichten und die Hundertschaften zu trennen. Ein Kapo zählte die Lebenden und die Toten. Er meldete Goering die Zahl. Dieser gab zufrieden das Zeichen zum Abmarsch. Unsere Kolonne brach auf. Die toten und schwer verwundeten Kameraden mußten wir ins Lager tragen. Als wir an einigen zerstörten Häusern vorbeikamen, hielten uns die Kapos auf ein Zeichen Goerings an. Wer keine Leiche trug, mußte von dort drei Ziegel ins Lager schleppen. Fieberhaft suchten wir nach drei ganzen Ziegeln, denn sonst mußte man die doppelte Anzahl von halben nehmen. Erschöpft von der Arbeit des Tages konnten wir die Ziegel kaum halten. Manche halfen sich dadurch, daß sie die Ziegel auf den Kopf oder die Schultern legten. Goering ließ singen. Trotz aller Anstrengungen war der Gesang kläglich. Wieder betätigten sich die SS-Männer und die Kapos. Sie schlugen uns unter Schreien unbarmherzig. Endlich kamen wir ans Lagertor; der diensthabende SS-Mann zählte die Einmarschierenden. Im Lager legten wir die mitgebrachten Ziegel ab und stellten uns zum Appell auf. Nach dem Appell hörte man noch den Blockältesten Raschke, der mit seinem Stock irgendwo Schläge austeilte.

Endlich bekamen wir Suppe und Brot mit Margarinestücken. Ich drückte meinen großen Schatz, die Brotration, an mich. Den größten Teil sollte man für den nächsten Morgen aufheben. Würde ich so viel Willensstärke haben? Ich fing an zu essen, und schon fühlte und hörte ich nichts mehr. Aus meiner halben Bewußtlosigkeit schreckte ich erst, als das Brot auf einen winzigen Rest zusammengeschrumpft war. Schließlich hatte ich alles gegessen. Das, wonach ich mich seit vierundzwanzig Stunden gesehnt hatte, war innerhalb kürzester Zeit verschwunden.

Plötzlich tönte in die Stille des Blocks der Befehl des Blockältesten: »Alles raus!« Alle Häftlinge, außer den »Prominenten«*, wurden aus dem Block getrieben. Raschke stand vor uns und erklärte: »Der Bettenbau war heute unter Hund, dafür bekommt jeder von euch 5 Stockhiebe auf den Arsch, Dreckskerle, verfluchte!« Die beiden Stubenältesten brachten 2 Stühle und große Stöcke. Inzwischen wurden im Tagesraum mit unserer Margarine Kartoffeln für die Kapos und die Prominenten gebraten. Sie hatten Verbindungen zur Küche, aus der sie Kartoffeln schmuggelten, den Traum aller Häftlinge. Der Duft dieser Leckerbissen kam bis zu uns, reizte unsere Nasenflügel und Gaumen. Auf Kosten unserer Hungerportionen stärkten sich unsere Henkersknechte und sammelten Kräfte, die sie am nächsten Morgen an uns auslassen würden. Wir jedoch mußten uns vor dem Block zu zweien anstellen und der Reihe nach die fünf Stockhiebe in Empfang nehmen. Schon zeigten sich bei diesem Theater einige Kapos. Mit neuen Kräften lösten sie die Stubenältesten beim Austeilen der Strafe ab.

Schließlich hatten wir mit bläulichen Striemen und blutigen Wunden einen Tag überlebt. Wir waren alle in gleicher Weise zwischen Tod und Leben hindurchbalanciert. Der grauenhafte Tag war kaum vergangen, und schon wuchs irgendwo im Unterbewußtsein die Furcht vor dem Morgen. Endlich gewann die Müdigkeit die Oberhand über Angst, Hunger und Durst, und wir schliefen ein.

* Anfangs überwiegend ›arische‹, später auch jüdische Häftlinge, meist Gewohnheitsverbrecher, die speziell zum Lageraufbau nach Auschwitz gebracht wurden, die niedrigsten Häftlingsnummern trugen und von der SS mit privilegierten Aufgaben innerhalb des Lagers und seiner Verwaltung beauftragt waren. Die Bindenträger zählten unter anderen zu den prominenten Häftlingen.

5
Schnee in Auschwitz

Eines Morgens Ende 1942, als wir frierend aus dem Block gingen, sahen wir, daß es in der vergangenen Nacht geschneit hatte. Der Boden war mit schmutzigem Schnee bedeckt. Bald hatten wir alle nasse Schuhe und kalte Füße. Auch unsere Mäntel wurden naß, denn es schneite immer noch. Der Matsch wurde immer höher, es war beschwerlich zu gehen.

Auf dem Appellplatz machte mein Nebenmann eine kleine Kopfbewegung nach rechts. Dort lag einer mitten im Schneematsch. Er mußte auf dem Weg zum Appellplatz zusammengebrochen sein. Ein gut genährter Häftling, sein Stubenältester, beugte sich über ihn. Er schüttelte den Kopf. Dann winkte er zwei Häftlingen, die den Toten wie einen lästigen Gegenstand zur Seite schleiften. In ihren Mienen konnte ich kein Mitleid lesen, nur Ärger darüber, daß sie Kraft verschwenden mußten. Der Kamerad neben mir wies auf den Wagen, der, mit Leichen hoch beladen, von Häftlingen gezogen wurde: »Sind scheinbar wieder viele in der Nacht an den elektrischen Zaun gegangen. Das ist ein ziemlich schöner Tod. Das macht das Wetter, daß es heute so viele waren.«

Wir traten kommandoweise an. Kommando Eins ging immer als erstes durch das Lagertor. Bis unser Kommando 21 an die Reihe kam, war noch etwas Zeit. Wir merkten, daß das Ausrücken der Kommandos nicht so zügig ging wie sonst. Einige Minuten später wußten wir warum. Noch vor dem Tor standen auf beiden Seiten viele SS-Männer, unter anderem der Lagerführer Schoettel, Rapportführer Rackers, Arbeitsdienstführer Stoelte, SS-Arzt Fischer, Sanitäter Neubert und weitere SS-Männer, und auch der Lagerälteste »PK« stand dort. Unser Kommando war an der Reihe. Während wir marschierten, wurden viele Häftlinge aus den Reihen gezerrt und auf der Seite aufgestellt. Wer nicht stramm genug marschierte, hinkte oder einen Verband am Hals hatte, wer mager war oder der SS sonst nicht gefiel, wurde einfach herausgezogen. Während wir übrigen weiter zu den Baustellen marschierten, dachten wir darüber nach, was wohl mit den Kameraden geschehen würde, die im Lager bleiben mußten.

Unaufhörlich fiel feuchter Schnee. Ein SS-Posten, ein Jüngling von etwa zwanzig Jahren, lief um unser Kommando herum. Als wir anfingen zu arbeiten, beobachtete er uns einzeln. Mein Kamerad Hermann arbeitete neben mir und sagte: »Sei vorsichtig, der Posten da ist gefährlich, der macht jeden Tag wenigstens einen fertig, nur nicht auffallen!«

Der Posten sah auf meinen Mithäftling Fischer, einen jungen Mann von etwa achtzehn Jahren, der zitternd bei den Grabenden stand, die Schaufel untätig in der Hand. Er rannte zu ihm hin, riß ihm den Spaten aus der Hand, schlug ihn damit über die Schulter und schrie: »Du fauler Hund, willst du arbeiten!« Der Kamerad fiel hin. Er hatte schon seit Tagen hohes Fieber und ein glühend rotes Gesicht. Er wollte nicht in den Krankenbau gehen, weil er fürchtete, daß er dann nach Birkenau ins Gas geschickt würde. Es war ein Wunder, daß er beim Ausrücken aus dem Lager nicht herausgeholt worden war. Der junge SS-Mann schrie: »Was, du Mistvieh, liegst auch noch, statt zu arbeiten?« Und weil gerade der Kommandoführer vorbeikam, fuhr er fort: »Herr Kommandoführer, jetzt will ich ihnen zeigen, was ich mache, wenn einer faulenzen will.« Er winkte dem Kapo und dem Vorarbeiter: »He da, ihr! So, jetzt nehmt den da, zieht ihm den Mantel, Jacke und Hemd aus und legt ihn in den Schnee. Dann wird er schon munter werden und zur Arbeit aufwachen. Nur los, wird's bald?«

»Kapo«, flehte der Kamerad und erhob sich dabei auf die Knie. »Kapo, sag dem Herrn Posten, daß ich hohes Fieber habe, ich ertrag' das nicht!«

»Was, du Sau, du erträgst das nicht, das bißchen Schnee? Aber faulenzen, das verträgst du!« Der junge SS-Mann schrie weiter: »Na, wird's bald? Ihr könntet ihn schon längst ausgezogen haben. Los, sag ich, oder ich mach' es mit euch genauso wie mit dem da! Glotzt mich nicht so an!« Der Kapo und der Vorarbeiter sahen zum Kommandoführer und zögerten mit dem Ausziehen des Unglücklichen. Der junge SS-Mann fuhr fort: »Das ist Gehorsamsverweigerung! Was, ihr wagt es, mir nicht zu folgen, hier vor dem Herrn Kommandoführer?« Da begannen sie ihn auszuziehen.

Der SS-Mann befahl, ihn in den tiefsten Schlamm zu legen. Sie mußten von der eisigen Masse auf ihn häufen, ihn ganz damit bedecken. Der junge SS-Mann und der Kommandoführer standen dabei und lachten. »Nur mehr Schnee, nur mehr!« schrie der junge SS-Mann. »Jetzt wird ihm die Faulheit vergehen. Jetzt wird er erfrischt, daß er arbeiten kann!« Zuletzt lag der kranke Kamerad ganz still und leblos. Da machte dem SS-Mann die Sache keinen Spaß mehr, er befahl, ihn wieder anzuziehen und liegenzulassen.

An diesem Vormittag wiederholte er die gleiche Prozedur mit noch zwei Häftlingen aus unserem Kommando, die »faul« waren, nur ließ er sie nicht ausziehen, sondern in Kleidern hinlegen und mit Schnee bedecken.

Als wir zur Mittagspause antraten, lebte Fischer noch. Der SS-Posten warf einen Blick auf sein Opfer und sagte befriedigt: »Der verreckt noch heute, der ist ja jetzt schon halb hin.« Ich stand keine drei Schritte entfernt, hörte deutlich jedes Wort, sah sein teuflisches Grinsen und das breite Lächeln des Kommandoführers, sah das glühende, rote Gesicht des Kameraden, dessen Arme schlaff herabbaumelten.

Damals fühlte ich, daß in jedem SS-Mann im Lager ein Mörder steckt. In diesem Moment hätte ich den Posten umbringen können, es wäre mir eine Wohltat gewesen. Aber welch dummer und unreifer Gedanke, mit den schwachen Händen gegen Maschinenpistolen anzugehen!

Nachmittags war es bei der Arbeit ruhiger, denn der junge SS-Mann hatte sich vor dem Schnee in einer Bude verkrochen. Endlich ertönte das Kommando: »Zum Abmarsch antreten!«

»Singen!« schrie der Kapo. »Singen!« Wir trugen unseren Kameraden Fischer ins Lager, er war schon ohne Bewußtsein. Wie traurig war das Singen für uns und wie zynisch der Klang der Lagerkapelle. Beim Abendappell atmete Fischer schon nicht mehr; er wurde zum Abzählen zwischen weitere Tote geschmissen.

Beim Appell bemerkten wir, daß unsere Kameraden, die morgens aus den Reihen geholt worden waren, nicht auf dem Appellplatz standen. Dann erfuhren wir von unseren Stubenältesten: »Alle sind durch den Kamin gegangen.« Die SS-Männer hatten also an diesem Tag Hunderte von Häftlingen in den Gastod geschickt. Im Lager wurde für weitere Transporte Platz gemacht. Wir Übriggebliebenen aus dem Transport »BY« waren an diesem

Abend sehr traurig: Viele unserer Kameraden waren nach Birkenau abtransportiert, unser Kollege Fischer war ermordet worden. Der Auschwitzer Himmel erschien diesmal besonders grau.

Am nächsten Tag kam ein neuer Transport nach Buna. Unter den Neuen begegnete ich einem Landsmann. Der sagte zu mir: »Ihr blickt uns in einer furchterregenden Art an, und wir wissen nicht, warum.« Mein Nebenmann antwortete ihm: »Wahrscheinlich, weil wir Angst haben, daß nicht genug Platz für alle da ist. Wir fürchten, daß wir, die schon abgeschuftet sind, ins Gas geschickt werden.« Es kam der Befehl, daß zwei Häftlinge in einer Koje schlafen müßten, so daß die dreistöckigen Betten von jetzt ab sechs Personen aufnehmen mußten. Aber die SS machte in kurzer Zeit durch weitere Selektionen Betten frei.

6 Das Kabelkommando

An jedem Morgen, gleich nach dem Appell, wenn der Befehl »Arbeitskommandos antreten!« ertönte, mußten wir zu dem Kommando laufen, dem wir zugewiesen waren, und uns hinter dem zuständigen Kapo aufstellen.

Mein Freund Otto und ich wollten versuchen, in ein leichteres Kommando zu kommen, und wir stellten uns deshalb zu einer anderen Gruppe. Mit Schreien und Schlägen jagten uns jedoch die Kapos aus ihren Kommandos. Die Lagerkapelle spielte schon die Märsche, und die Kameraden rückten zur Arbeit aus. Wir beide konnten kein neues Kommando finden und liefen wie aufgescheucht auf dem Appellplatz herum. Der SS-Arbeitsdienstführer Stoelte, Lagerältester »PK« und Lagerkapo Emil hatten bereits begonnen, diejenigen einzufangen, die noch kein Kommando gefunden hatten. Wer ursprünglich leichtere Arbeit und einen besseren Kapo hatte finden wollen, wurde schließlich den schwersten Kommandos zugewiesen, wo man die Häftlinge erbarmungslos schlug und antrieb. Von Stoelte bekam ich einen »ordentlichen« Tritt, den ich noch einige Tage lang spürte. Otto und ich mußten uns dem Kabelkommando anschließen. Die Arbeit im Kabelkommando war eine der schwersten, die man sich vorstellen kann. Wir waren jeder Witterung ausgesetzt. Ob im Sommer bei sengender Hitze oder im Winter bei klirrendem Frost und tiefem Schnee, täglich mußte über eine bestimmte Länge ein Graben für die Kabel gegraben werden. Je vier bis fünf Häftlinge mußten die Loren mit Erde vollschaufeln und sie bergauf schieben. Dazu gab es fast ununterbrochen Schläge von den SS-Männern und den Kapos, die die Arbeit für die IG-Farben mit Stockhieben beschleunigen wollten. So blieb es nicht aus, daß fast täglich Häftlingen von den Loren Finger oder Zehen, oft sogar Hände und Füße abgefahren wurden. Die Verstümmelten wurden zwar in den Krankenbau eingeliefert, aber man sah sie nie wieder lebend herauskommen.

Oft ging uns beim Bergaufschieben der voll beladenen Loren die Kraft aus, und die Lore fuhr in wildem Tempo bergab davon.

Konnte die Lore nicht rechtzeitig mit Holzprügeln abgebremst werden, so stieß sie mit voller Wucht auf die nachfolgende Lore. Viele von uns waren durch den Hunger und die Schläge so abgestumpft und gleichgültig, daß sie nicht einmal wegsprangen, wenn ihnen eine volle Lore entgegenbrauste. So wurden sie schwer verwundet oder sogar zerquetscht. Für die übrigen Häftlinge gab es noch zusätzliche Stockhiebe.

Das Kabelkommando forderte täglich seine Opfer: Unfalltote, Erschlagene und an Erschöpfung Zugrundegegangene. Doch trotz der vielen Ausfälle in diesem Kommando wurde die Anzahl der Häftlinge immer größer. Es kamen neue Transporte in unserem Lager an, es gab »viel Menschenmaterial zu vernichten«.

An einem Tag arbeitete ein Tscheche mit mir. Er trug den schwarzen Winkel der Arbeitsscheuen. Wir schoben nebeneinander die Lore, standen nebeneinander, während wir pickelten und schaufelten. Er hatte große, wehmütige dunkle Augen und träumte immer von seiner Frau und den zwei Kindern. Er war etwa dreißig Jahre alt, von Beruf Musiker, ein Geigenspieler. Wir hatten eben die letzte Schaufel voll auf die Lore geworfen, niemand war in der Nähe, der zu fürchten gewesen wäre, nicht einmal unser Kapo, der wegen seines Aussehens den Spitznamen »Eule« trug.

Da sagte der Tscheche zu mir: »Der hat's gut.« Ich wußte nicht, wen er meinte. Er blickte geradeaus und sagte: »Der, den sie heute früh totgeschlagen haben. Viel hat er bestimmt nicht mehr gefühlt, er war ja schon ganz weg. Und jetzt ist er tot, und keiner quält ihn mehr. Manchmal denk' ich, man ist eigentlich dumm, daß man nicht auf die Drähte oder durch die Postenkette geht. Ich glaube, ich tu's doch einmal. Wenn nur die SS-Bande besser schießen könnte! Aber du hast es ja gestern gesehen. Zwei sind aus dem Glied getreten und über die Straße gelaufen. Na und? Der eine war gleich tot, aber der andere? Dreimal haben sie schießen müssen, bis er tot war. Das ist auch kein Vergnügen, so verrecken möchte ich nicht. Dann lieber auf die Drähte gehen oder sich nachts im Block aufhängen, wenn keiner dabei ist; da kann man vorher wenigstens noch beten. Ich müßte vor dem Tod noch ein bißchen heulen, ich würde mir meine Frau und die Kinder vorstellen. Siehst du hier meinen Gürtel? Tadellos, sage ich dir, der ist lang genug ihrem Licht haben sie sich immer wieder zusammengefunden und nie ganz verloren. Das war ihre geistige Bundeslade. Aber sie waren zerstreut in alle Welt – allen Völkern, aller Willkür preisgegeben. Es gab keinen Schutz für sie, außer in ihrem Gott. Und in der Not der Bedrängnis mußten sie viel von ihrem Denken auf das Geld richten. Sie mußten wie Alchimisten werden und aus Staub Gold machen, um sich zu retten und zu schützen. Viele verloren über der langen Zeit den Sinn für den Zweck des Goldes, den Sinn, daß es nur ein Wall sein sollte, ein Schutz. Sie häuften Geld um sich her, lebten wohl geborgen dahinter und häuften so viel, daß sie nur noch schwach das Licht der Bundeslade sahen, das heilige Licht. Manche aber sahen es gar nicht mehr, vergaßen es und wurden wie alle Welt um sie her.

Zweitausend Jahre lang knechtete und brandmarkte man sie in vielen Ländern. Man ließ die Juden wie Aussätzige wohnen, keine Ehre wurde ihnen gegeben, nur Verachtung und Hohn. Nur in wenigen Ländern erlaubte man ihnen, von dem Werk ihrer Hände zu leben. Die Zünfte der Handwerker schlossen sie aus. Händler durften sie sein. War es verwunderlich, daß die Juden die nicht lieben konnten, die ihnen solches antaten und die sie immer wieder verfolgten und töteten?

Doch dann kam eine neue Zeit, die Zeit ihrer beginnenden Freiheit. Die Mauern der Städte fielen. Ungebrandmarkt konnten sie umhergehen, mußten nicht mehr gesondert wohnen, konnten unter den anderen Menschen leben. Ja, sogar Rechte wurden ihnen in den fortgeschrittenen Ländern zugesprochen, später auch Ehrentitel. Da begann ihr Untergang. Nun drohte den Juden nicht mehr überall Gefahr und Vernichtung, nun schien überall Zuflucht zu sein, nicht nur bei Gott. Da begannen viele zu glauben, daß sie ohne Gott auskommen könnten. Mit Geld konnten sie sich alles erkaufen, was sie begehrten, doch vergaßen sie dabei, daß man nur materielle Dinge damit erstehen kann, nicht Liebe, Achtung, Freundschaft, am wenigsten aber ... Segen. Und der Segen wich von ihnen.

Es begann ein Kampf gegen die Juden. Die Juden aber, die sich assimiliert hatten, denen war es fast gleichgültig. Was ging sie das an? Besaßen sie nicht Rechte? Waren sie nicht verwandt mit den Menschen und Völkern ringsumher? Mochten nun die, die da sein! Warte, ich werde es dir zeigen!« Und er schlug ihm die Faust ins Gesicht; der Mann brach zusammen.

Der SS-Mann lachte: »Gut! Aber dem machst du eine Meldung wegen Faulheit bei der Arbeit. Das gibt mindestens ›fünfundzwanzig‹*.« Er ging zu dem Häftling, trat ihn und schrie: »Was ist, willst du wohl gleich aufstehen, du faules Stück Scheiße?!« Die Angst gab dem Mann Kraft. Er raffte sich auf und stand. »Ist das strammgestanden?« schrie der SS-Mann.

Der Mann zitterte und wagte zu sprechen: »Herr Kommandoführer, ich bin krank, ich . . .«

»Halt's Maul, du Drecksau, mit mir redest du nur, wenn du gefragt wirst, verstanden? Dir werden wir das Faulenzen schon austreiben. Wenn du krank sein willst, dann geh ins Revier. Hier ist man nicht krank, verstehst du mich? Ob du mich verstehst?«

»Jawohl, Herr Kommandoführer.« Der SS-Mann sagte noch etwas zu Eule, dann ging er. Wir mußten alle für den Zwischenfall büßen, und unser Kapo verteilte fleißig Schläge um sich.

Im Vorbeigehen zischte uns ein Kamerad zu: »Drüben hat grad' einer die Hand unter die Lore gebracht. Vier Finger sind abgefahren, ganz ab.«

»Mensch, hau bloß ab!« Eule hatte ihn bemerkt. Er wollte nicht, daß wir von der Arbeit abgehalten wurden.

Der Tscheche meinte: »Ich möchte auch gerne ins Krankenhaus. Aber so dumm wäre ich nicht, mir die Finger abfahren zu lassen. Lieber die Zehen. Die Finger braucht man immer, aber die Zehen – das geht. Wenn man später ein bißchen humpelt, das ist nicht so schlimm. Und wenn man Schuhe hat, sieht's auch keiner. Aber die Finger . . . Dann könnte ich nicht mehr Geige spielen. Ja, in den Krankenbau gehen, da ist gar nicht so leicht, da muß man eine niedrige Nummer haben. Dort ist ja immer alles voll. Mensch, das wäre was, so vierzehn Tage im Revier sein, im Bett liegen und

* Fünfundzwanzig Schläge auf dem Bock: Höchstzugelassene Strafe für verschiedene »Vergehen«. Der Bock war ein bankähnliches Holzgestell, auf das der Häftling so angeschnallt wurde, daß der Oberkörper und der Kopf sowie die Beine schräg abwärts gerichtet lagen und sich das Gesäß emporwölbte. Geschlagen wurde entweder mit einer Peitsche, einem Stock oder mit einem Ochsenziemer.

schlafen! Du, ich würde bestimmt fünf Tage schlafen oder eine ganze Woche. Dafür ließ ich mir schon einen Finger abfahren. Aber die machen Selektionen, und dann geht es durch den Kamin! Man sagt ja, die Tschechen werden wie die Juden ins Gas geschickt. Ich weiß nicht, ob die mich als Reichsdeutschen oder als Tschechen führen, denn ich bin aus dem Sudetenland. Als Reichsdeutschen dürften die mich nicht ins Gas schicken, weißt du.« Und wir stellten uns vor, wie herrlich das wäre, sich im Krankenbau ausruhen zu können. Dabei schaufelten wir, was wir nur schaufeln konnten.

Einer von uns ging zu Eule: »Kapo, ich bitte, austreten zu dürfen.«

»Was willst du? Jetzt darfst du nicht scheißen! Jetzt mußt du arbeiten!«

»Kapo, ich kann nicht mehr, ich habe Sie schon dreimal gefragt.«

»Du darfst jetzt nicht ins Scheißhaus gehen, du arbeitest, du Hund!«

Der Mann kam zu uns zurück. Er war schon ganz grün im Gesicht. Wieder schaufelte er, aber er konnte nicht länger an sich halten. Noch einmal ging er zu Eule: »Kapo, lassen Sie mich bitte gehen, ich kann's nicht mehr aushalten.«

»Scheiß in die Hos', fauler Hund!« Eule sah sich um. Drüben stand ein SS-Mann. Da schrie er nochmals: »Jetzt nicht ins Scheißhaus! Jetzt arbeitest du!« Und er schlug den Häftling.

Es war schwer, die Erlaubnis zum Austreten zu erhalten. Es durfte immer nur einer weg und oft gar keiner. Es hing ganz von der Laune des Kapos ab. Wenn einer dann nach seinem eigenen Kot stank, hieß es, er sei eine Sau, und er wurde geschlagen. Aber geschlagen wurden wir ja in jedem Fall. Der SS-Mann, der drüben gestanden hatte, kam langsam auf uns zu. Eule beschimpfte uns daraufhin sofort noch lauter, mit deutschen und polnischen Schimpfworten. Der SS-Mann war jetzt bei uns. Da geschah etwas Seltsames. An der Lore neben uns begann plötzlich ein Häftling zu fluchen, zu schimpfen und auf einen Kameraden loszuschlagen: »Glaubst du, ich arbeite für euch alle? Du faules Vieh, willst du wohl arbeiten?« Er war ein robuster Kerl mit brutalem Gesicht, und er schrie, daß es nur so eine Art war. Schon einmal hatte ich das bei ihm erlebt, auch damals war ein SS-Mann zugegen gewesen.

Der SS-Mann betrachtete die Szene wohlgefällig und wandte sich an Eule: »Da hast du ja scheinbar einen guten Mann. So einen kann man brauchen. Der soll ein paar von den faulen Hunden beaufsichtigen.« Er notierte sich die Häftlingsnummer und sagte zu ihm: »Du da, morgen früh meldest du dich in der Schreibstube und bekommst ein Kommando! Verstanden?«

»Jawohl, Herr Kommandoführer.« Es war nicht schwer, Karriere zu machen. Man mußte nur die nötigen Ellenbogen haben und – keine Skrupel.

Wieder rollten die Loren. Wieder konnten wir unsere vom Schaufeln krummen Rücken ein wenig gerade strecken. Wir schoben, es ging schwer, es schien unmöglich. Die letzte Lore blieb stecken, sie wollte die Steigung nicht hinauf. Wir von der anderen Lore mußten mithelfen; schließlich ging es, wenn auch langsam. Eules Geschrei und sein Prügel bewirkten, daß es schneller ging. Was doch so ein Prügel alles konnte! Er kitzelte uns Kräfte aus dem Mark, von denen wir nicht ahnten, daß wir sie noch besaßen.

Endlich erlöste uns die Mittagssirene. Wir ließen alles stehen und liegen und rannten zu unseren Mänteln. Wir nahmen die Eßschale, den Löffel, rannten im Laufschritt zu unserer Werkzeugbude und stellten uns mit vorgestreckter Eßschale in der Schlange auf. Zwar hatten wir alle hungrig auf die »Buna-Suppe« gewartet, aber keiner wollte bei den ersten sein, weil die ersten Rationen die dünnsten waren. Der Kapo hütete sich, den Kessel umzurühren, denn die dickere Suppe auf dem Grund des Kessels stand ihm zu. Nach ein paar Minuten war die Suppe schon gegessen, und es folgten einige selige Minuten der Entspannung in der Werkzeugbude. Es bestand eine stillschweigende Übereinkunft, daß keiner sprach. Nach wenigen Minuten waren fast alle eingeschlafen, dicht gedrängt, Ellenbogen an Ellenbogen.

»Es ist bald ein Uhr!« sagte ein Vorarbeiter, während wir uns an den Schlaf klammerten. Ein Schlag gegen die Tür. »Alles raus!« schrie der Kapo.

Wieder pickelten und schaufelten wir. Der Kranke fiel plötzlich um und rührte sich nicht mehr. Eule ging auf ihn zu und schrie: »Aufstehen! Arbeiten!« Er trat ihn. Aber der Häftling gab kein

Lebenszeichen von sich. Ein Kamerad machte ihm die Jacke auf und sagte: »Das war immer so ein tüchtiger Junge, der hat's besser gekonnt als die anderen. Vielleicht hat er Grippe.«

»Quatsch!« sagte ein anderer, »siehst ja, wie er aussieht, nichts in den Knochen hat er mehr, ist ja nur noch ein Skelett. Bei solch einer Wasserbrühe hält kein Elefant die Arbeit aus. Wirst schon sehen, wir machen's auch nicht lange.«

»Wollt ihr wohl arbeiten!« schrie Eule und stocherte mit den Füßen an dem Liegenden herum. Dann sagt er wütend: »Wenn der Mann kaputt ist, dann werdet ihr die Loren allein vollmachen!« So wurden die vier Übriggebliebenen noch bestraft.

Eintönig und langsam verging die Zeit. Es gab ein Schneegestöber, und wir schneiten ein. Um den am Boden liegenden Kameraden kümmerte sich keiner. Die Pickel fraßen sich in die harten Schollen, und die Schaufeln warfen die Lehmerde auf die Lore. Die Zeit schlich, sie zog sich hin, zäh wie Pech. Da fiel ein Schuß, noch einer und ein dritter. Mein Nebenmann, der Tscheche, schaute auf. Er atmete schwer, doch er schippte weiter.

Der SS-Mann stand plötzlich wieder da. Er sagte zu Eule: »Da drüben haben sie grad einen umgelegt. Postenkette . . . Na ja, des Menschen Wille ist sein Himmelreich. Was ist denn mit dem da?« Er wies mit der Stiefelspitze auf den am Boden Liegenden.

»Umgefallen«, sagte Eule.

Der SS-Mann ging hin und gab ihm einen Tritt: »He du, steh auf! Aufstehen sollst du, hab' ich gesagt!« Und er gab ihm einen noch derberen Tritt. »Das Schwein will nicht«, sagte er verächtlich. »Wir werden ihm das schon austreiben. Schick mal jemanden rüber, sie sollen einen Eimer Wasser herbringen. Los! Los! Mach schon!« Dann wandte er sich um und schrie erbost: »Was gibt's da zu glotzen? Arbeiten sollt ihr, habt ja heute noch nichts geschafft!«

Ein Häftling kam mit zwei vollen Eimern und gab sie dem Kapo. Der beugte sich über den Liegenden und schrie: »Willst du jetzt aufstehen, du Drecksau?« Aber der Mann rührte sich nicht. Da goß er ihm den einen Eimer Wasser über den Kopf und den anderen über die Brust. Die Kleider waren jetzt von dem eiskalten Wasser durchnäßt.

Der Begossene schlug die Augen auf, blickte wirr um sich, hob den Kopf, als wollte er aufstehen, sackte dann aber wieder zurück.

Er lallte etwas Unverständliches. Der SS-Mann stieß ihn mit dem Fuß an und rollte ihn so, daß er auf das Gesicht zu liegen kam. Dann sagte er ärgerlich zu Eule: »Laß ihn liegen, da ist nichts zu machen, aber heute abend bringt ihr ihn mit zum Appell. Und sieh zu, daß hier etwas mehr Dampf dahinter kommt. Die bewegen sich ja langsam wie Geldschränke. Du mußt ihnen besser einheizen.« Und er ging. Der Begossene blieb am Boden liegen.

Eule schrie, die Pickel und Schaufeln flogen, die Loren füllten sich. Wir schoben die Loren. Wir leerten die Loren. Wir füllten sie wieder. Wir pickelten und schaufelten. Wir füllten die Loren. Wir schoben die Loren ... so ging es weiter und weiter. Ein Tag war so lang. Es hatte wieder aufgehört zu schneien, aber es wollte nicht Feierabend werden. Eule war fortgegangen, wahrscheinlich, um sich irgendwo aufzuwärmen. Der Kamerad am Boden begann sich zu bewegen, er lallte etwas und versuchte aufzustehen. Einer ging zu ihm und sagte: »Mensch, bleib liegen, rühr dich nicht, sonst prügeln sie dich noch einmal. Gleich ist Feierabend, rühr dich nicht!« Der andere stöhnte und fiel zurück.

Die Ukrainer und die englischen Kriegsgefangenen zogen an unserer Baustelle vorbei. Das war für uns das Zeichen: In einer halben Stunde ist Feierabend. Da kam Eule: »Alle Geräte putzen!«

Wir kratzten die Loren sauber aus, suchten Holzstücke und reinigten damit die Pickel und Schaufeln vom gröbsten Schmutz. Wir zogen unsere Füße vorsichtig aus dem Schlamm, damit wir die Holzschuhe nicht verloren. Wir schulterten Pickel und Schaufeln. Die Loren standen alle nebeneinander in einer Reihe, alle nach einer Seite gekippt. Jetzt mußten wir noch die Arbeitsgeräte in die Bude bringen. Die Mäntel wurden angezogen und die Eßschalen unter den Arm genommen. Zwei Häftlinge trugen den Kranken.

Ein anderer SS-Mann kam und schrie: »Warum tragt ihr den?!« und gab ihm eine Ohrfeige, daß der Kopf zur Seite flog. »Der Mann ist ja tot«, sagte er dann. »Antreten!«

Wir rannten querfeldein zum Weg. Es war wichtig, daß wir schnell antraten, damit wir nicht getreten wurden. Das war wichtiger als ein Toter. Ein Toter war ein abgeschlossenes Kapitel, und unser Kapitel war noch nicht abgeschlossen.

Zu fünfen antreten, hieß es. Ich versuchte neben meinen Kameraden Otto zu kommen, da wir heute getrennt gearbeitet hatten; ein SS-Mann schlug mir über den Kopf, aber es gelang mir dennoch, mich neben Otto zu stellen. »Wie geht's, Otto?«

»Das kann man nicht lange aushalten. Ich bin froh, wenn ich auf dem Strohsack liege.«

»Ich auch.«

»Aus meiner Gruppe ist der Peter durch die Postenkette gegangen. Ich hab' gesehen, wie sie ihn abgeschossen haben. Ich habe ihn noch beim Namen gerufen, aber er wollte nicht zurück. Sie haben geschossen. Er ist noch ein Stück weit gerannt, dann ist er hingestürzt und liegengeblieben. Und weißt du, da habe ich nur einen Wunsch gehabt: auch so zu liegen und mich nicht zu rühren. Direkt beneiden könnte man so einen Toten.«

Der Tote aus unserer Gruppe lag vor uns.

Von einer anderen Gruppe brachten sie noch zwei Schwerverwundete. Sie schleppten sie heran, einer hatte die Arme um die Schultern von zwei Kameraden gelegt und versuchte, die Beine zu bewegen. Jetzt standen sie still. Ein SS-Mann trat zu ihnen: »Laßt ihn los!« befahl er.

Einer wagte zu antworten: »Er kann nicht stehen.«

»Loslassen, sage ich!« Da lösten sie seine Arme von ihren Nacken und versuchten, ihn hinzustellen, aber er fiel um, daß der Kopf hart aufschlug.

»Steh auf, du Hund!« Ein Tritt. »Du sollst aufstehen, habe ich gesagt!« Wieder ein Tritt. Er trat ihm in den Unterleib. Der Getroffene schrie laut auf.

Da hörten wir endlich: »Im Gleichschritt Marsch!« Das rettete den Verletzten vor weiteren Tritten. Alle Liegenden, ob tot oder noch lebend, wurden von je vier Mann auf die Schultern genommen und getragen. Klapp, klapp, klapp machten die Holzpantoffeln auf der harten Straße. Manch einer nahm den Rest seiner Kraft zusammen, um nicht noch auf diesem letzten Stück Weg umzufallen. Einige mußten halb gestützt, halb getragen werden. Schon hörten wir die Lagerkapelle, aber auch ein Militärmarsch konnte uns nicht mehr ermuntern, stramm zu marschieren.

Auf dem Appellplatz standen schon einige Kommandos. Wir traten zu den Gruppen unserer Blocks. Die Toten und die Kranken wurden neben uns hingelegt. Dann zählte die SS ab. Hinter mir flüsterte einer: »Ist es wahr, daß der Peter durch die Postenkette gegangen ist?« Ich nickte. Zum Sprechen war ich zu müde. Und was gab es da zu sagen? Endlich war der Appell vorüber.

Wir marschierten zum Block. Essen! Schlafen! – Aber so schnell ging das nicht. Der Blockälteste ließ uns alle linksum machen, ließ uns strammstehen und begann eine donnernde Strafrede: Wir hätten die Betten nicht gut gebaut, die Decken nicht richtig hingelegt, schmutzig seien wir wie die Schweine, das müsse anders werden, und das werde auch anders werden! »Alles in die Baracke! Rationen fassen! Los! Wird's bald? Seid ihr noch nicht drinnen?!« Und schon begann er zu schlagen und zu treten. Der Stubenälteste half ihm dabei.

Alle drängten zu den Türen, denn jeder fürchtete die Schläge, jeder wollte als erster hinein. Die Folge waren verstopfte Türen. Raschke und sein Stubenältester droschen weiter. Beide machten einen Satz wie Hechte und sprangen mitten auf den Knäuel Menschen. Sie hingen nun, nein, sie lagen auf ihnen, schlugen wild mit den Fäusten drein. Alle quetschten sich in Panik durch die Türen. In der Baracke stürzten die, die glücklich durch die Türe gekommen waren, zu ihren Kojen.

Die Kessel mit der Suppe wurden herausgeschleppt. Wir mußten vor dem Block in Reih und Glied antreten. Unter Schimpfworten erhielten wir im Freien die Suppe. Dann wurden wir wieder hineingejagt. »Alle auf die Betten!« schrie Raschke. Jeder suchte an seinen Platz zu kommen. Raschke und der Stubenälteste waren prügelnd und tretend hinter uns her. »Portionen fassen!« Dann kam das Brot und ein Würfelchen Margarine. Kaum hatten wir zu essen begonnen, schrie Raschke schon: »Raus, Schüsseln waschen! Füße waschen, Körper waschen! Seid ihr noch nicht fertig, ihr gefräßigen Schweine?«

»Die Hunde fressen, als ob sie im Grand-Hotel wären!« schrie der Stubenälteste. »Wollt ihr wohl aufstehen mit euren faulen Ärschen!« Und schon knallten Ohrfeigen, klatschten Prügel auf die Nächststehenden.

Ein wildes Gedränge entstand im Waschraum. Es waren keine Hähne frei, so konnten nicht alle auf einmal ihre Schalen waschen.

Manche trugen mehrere Schalen. Sie wuschen sie für die Kameraden, die Pakete von draußen bekamen, und erhielten dafür irgendeine Gegengabe, »verdienten« sich also ein bißchen Suppe oder ein Stückchen Brot. Der Stubenälteste rannte ihnen nach, trat sie von hinten, daß ihnen die Schale aus den Händen fielen. »Habe ich euch nicht gesagt«, schrie er, »jeder soll seine Schüssel selber waschen?« So ging das Lärmen und Toben weiter.

Wer glücklich seine Schüssel gespült hatte, ging auf den Strohsack zurück, um sie abzutrocknen.

Danach hetzte uns der Stubenälteste erneut in den überfüllten Waschraum. »Ja, seid ihr noch nicht gewaschen? Ihr Hunde träumt wohl?!« Der Stubenälteste schrie und jagte uns mit Tritten von den Strohsäcken. Wieder großes Hetzen. Jeder mußte sich Kopf, Brust, Arme und Füße waschen. Kapos kamen in den Waschraum. Das Gedränge und Gestoße wurde größer, da die Angst größer wurde. Jeder fürchtete sich. Und die Schläge klatschten auf die nackten Körper. Inzwischen war vielen das Brot gestohlen worden, das sie in der knappen Zeit nicht hatten essen können. Wieder Szenen, Verhöre, Geprügel, Geschrei.

Endlich lagen wir alle auf den Strohsäcken. Da hieß es auf einmal: »Fußparade!« Jeder mußte seine Füße nackt auf die Decke legen. Raschke, von den Stubenältesten begleitet, ging die Reihen entlang und kontrollierte, ob die Füße sauber gewaschen waren. Natürlich waren sie sauber, aber wo die beiden etwas finden wollten, fanden sie etwas. Manch einen zerrten sie aus dem Bett, traten ihn, jagten ihn, schlugen ihn.

Einer wagte zu sagen: »Wie kann ich saubere Füße haben? Im Waschraum wasche ich sie, aber meine Holzpantinen sind innen schmutzig.« Da gab es Ohrfeigen für die freche Bemerkung und noch einmal extra Ohrfeigen dafür, daß seine Holzschuhe schmutzig waren. Für alles gab es Ohrfeigen und Tritte.

Endlich hatten sich unsere Bewacher ausgetobt. Stolz und aufrecht nach getanem Werk gingen sie zurück in ihren Tagesraum. »Licht aus!« war ihr letzter Befehl.

Ich legte mich auf die Seite, kaute das Brot, das ich vorher nicht hatte essen können, und schlief – immer noch hungrig – ein.

7 Die Mütze oder: Auf der Flucht erschossen

Es war ein Morgen im Frühjahr 1943. Die Lagerglocke riß uns aus tiefem Schlaf. Vor dem Block war es noch grau. Zum Waschraum, Kaffee holen, Anstellen zum Morgenappell und zum Arbeitskommando. Die meisten von uns waren die körperliche Arbeit bereits gewöhnt. Und im Gegensatz zu den Neulingen, die aus Angst ihre letzten Kräfte hergaben, hatten wir »Älteren« gelernt, schwere Arbeit nur vorzutäuschen, um uns zu schonen.

An diesem Tage wüteten die SS-Männer wie verrückt; die Sonne brütete gnadenlos, der Hunger tat wie immer weh, die Zeit schien stehengeblieben zu sein; wir konnten die Mittagspause kaum abwarten. Zum Mittagessen trieben sie uns im Laufschritt; auch auf dem Rückweg sollten wir laufen, aber den SS-Männern war das nicht schnell genug. sie schlugen uns der Reihe nach, ohne auch nur einen auszulassen. Schließlich fand ein junger SS-Mann ein Opfer, das er so lange quälte, bis es zu Boden fiel. Ein Häftling sprang zu dem Gefallenen und versuchte, ihn hochzuheben, was den SS-Mann zur Raserei brachte. Er trat ihn mit ganzer Kraft ins Gesäß. Der Getretene wankte, verlor das Gleichgewicht und fiel neben den, den er aufzuheben versucht hatte. Plötzlich wurden die SS-Männer lustig. Die beiden Häftlinge erhoben sich, indem sie sich mühsam aufrappelten. Einer von ihnen schaute sich noch auf den Knien nach seiner Mütze um, die ihm vom Kopf gefallen und unter die Füße des SS-Mannes gerollt war. Er bemerkte sie schließlich und kroch dorthin, um sie aufzuheben. Darauf hatte der SS-Mann nur gewartet. Als der Häftling die Hand ausstreckte, um die Mütze zu nehmen, stieß sie der Posten mit dem Stiefel einige Meter weit fort. Daraufhin erhob sich der Häftling von den Knien, klopfte die Erde von sich ab, nahm seinen Spaten und ging vollkommen ruhig, als sei nichts gewesen, zu seiner Arbeit zurück. Währenddessen warf der junge SS-Mann die Mütze wie einen Ball weit in das Gelände hinein. »Wo ist deine Mütze?« fragte er scheinbar höflich den Arbeitenden und schubste ihn leicht mit dem Karabinerkolben. Der französische Häftling verstand die Frage nicht oder tat wenigstens so. Er antwortete etwas in seiner Sprache und deutete dabei mit den Fingern mal auf die Sonne, mal auf seinen Kopf – was komisch aussah und wohl heißen sollte, daß die Mütze ihm bei der Arbeit nicht fehlte und er keine Angst vor der Sonne hätte.

Der SS-Mann aber redete ihm zwar weiterhin höflich, jedoch hartnäckig zu und deutete dabei mit dem Lauf des Karabiners in die Richtung, in die er laufen sollte. »Geh und hol deine Mütze!« wiederholte er, und man sah, daß er die hochsteigende Wut nur mühsam bekämpfte.

Der Häftling zögerte, da er aber den Umschwung in der Laune des SS-Mannes erkannte, gehorchte er dem Befehl und ging in die gezeigte Richtung. »Weiter, weiter«, drängte der Posten. In dem Augenblick, als der Häftling seine Mütze in der Hand hielt und umkehren wollte, ertönte ein Schuß. Dann ein zweiter. Der Häftling fiel auf der Stelle nieder. Eine Weile ragten noch seine Hände empor, dann sanken sie hinab. Auf das Geräusch des Schusses hin hörten die Häftlinge verwundert auf zu arbeiten. Sogar der zweite Posten schien überrascht zu sein.

»Hast du gesehen?« wandte sich der Schütze an ihn, »der verfluchte Jude wollte weglaufen! Was guckst du?!« schrie er mich an. »Arbeiten, ich werde euch helfen!« Er wandte sich jetzt an alle und schlug dabei den nächsten Häftling. »Aber los, ihr jüdische Bande.«

Ein elegant gekleideter SS-Offizier fuhr mit dem Fahrrad in unsere Richtung, anscheinend durch die Schüsse angelockt. Wir arbeiteten jetzt mit doppelter Energie. Die SS-Männer standen stramm. »Heil Hitler!«

»Was ist hier los?« fragte er. Der SS-Mann, der den Häftling erschossen hatte, erstattete Bericht. Der SS-Offizier hörte sich die Erzählung ruhig an und wandte sich dann in unsere Richtung mit der Frage: »Wer ist hier Kapo?« Unser Kapo stellte sich in Achtungstellung und rezitierte die auswendig gelernte Formel: »Schutzhäftling – Häftlingsnummer . . . meldet gehorsam, Straßenkommando mit 145 Häftlingen bei der Arbeit. Einer ist erschossen!«

»Was?« Der SS-Offizier sah ihn erstaunt an. »Nicht erschossen, Kapo«, fügte er dann nachsichtig hinzu. »Er wurde auf der Flucht erschossen! Verstanden?«

»Jawohl«, wiederholte der Kapo gehorsam, »auf der Flucht erschossen.« Der SS-Offizier nickte zufrieden, setzte sich wieder auf das Rad und sagte: »Weitermachen«, womit er die Angelegenheit als erledigt betrachtete.

Etwa fünf Minuten später kamen zwei weitere SS-Männer an. Es fand eine Untersuchung statt, und ein Rapport über den Verlauf der »Flucht« wurde aufgenommen. Wieder wurde der Kapo nach dem Verlauf der Ereignisse gefragt. Er antwortete diesmal sofort: »Auf der Flucht erschossen . . .«

8 Zum ersten Mal im Krankenbau

Ich weiß nicht, wie viele Tage ich mit meinem Partner Aron aus Lodz zwischen Waggons und Magazin hin und her laufen mußte. Es war nicht einfach, die Tage zu zählen, nur anhand der Natur konnte man raten, welcher Monat gerade war. Es waren etwa dreihundert Meter mit Hindernissen, Schienen und Kabeln. Hin unter der Last, zurück mit herabhängenden Armen.

Wir sprachen kaum ein Wort, um unsere Kräfte zu schonen. Wieder standen wir vor dem Waggon. Diesmal mußte ich vorn gehen und den schweren Stahlträger schleppen. Mehrere Gleise mußten wir übersteigen; es fiel mir schwer, meine geschwollenen Füße so hoch zu bringen. Die Holzschuhe drückten. Beim Übersteigen der Gleise erinnerte ich mich an einen Landsmann aus Kladno, der mir in den ersten Tagen meines Aufenthaltes in Buna erklärt hatte, daß das Sterben im Lager bei den Schuhen beginne.

Es war klar, daß schlechte Schuhe schon nach wenigen Stunden schmerzende Wunden verursachten, die sich unweigerlich infizierten. Wer davon betroffen war, lief, als habe er ein Gewicht am Fuß hängen: Er war überall der letzte, überall bekam er Schläge, er konnte nicht davonlaufen, wenn man hinter ihm her war, seine Füße schwollen an, und je mehr sie anschwollen, desto unerträglicher wurde die Reibung an Holz und Leinen. Zuletzt blieb nur die Einlieferung in den Krankenbau. Mit dem Befund »dicke Füße« ins Revier zu kommen, war sehr gefährlich. Der SS-Arzt und die SS-Sanitäter wußten, daß man dieses Leiden im Lager nur sehr selten los wurde, und nach zwei Wochen transportierte man den Betroffenen nach Birkenau in die Gaskammer.

»Also ich bin soweit und reif für Birkenau«, dachte ich. »Noch fünfzig Schritte«, und: »Bald werden wir im Magazin sein«. Das ganze Gewicht des Trägers lag mir auf der Schulter. Ich konnte die Anstrengung und den Druck nicht mehr aushalten, versuchte mich nach Aron umzudrehen, aber er stolperte. Die Last rutschte ihm von der Schulter, die eiserne Kante fiel schneidend auf meinen linken Fußrücken. Eine Weile konnte ich vor Schmerz nicht aufblicken. Aron stand noch genauso da, er hatte sich nicht von der Stelle gerührt. Ohne ein Wort sah er mich ausdruckslos an. Weitere Häftlinge kamen hinzu, sie benutzten den Zwischenfall, um sich ein bißchen auszuruhen.

Der Kapo kam und sparte nicht mit Fausthieben, Fußtritten und Beschimpfungen. Die Kameraden liefen auseinander zur Arbeit. Der Kapo brüllte und versetzte mir zwei Schläge an den Kopf, die mich betäubten. Aron half mir auf, aber ich konnte nicht mit dem verletzten Fuß auftreten. Mein linker Schuh war voll Blut, der Fuß sehr angeschwollen. Der Kapo sah sich die Wunde an und schickte mich in die Werkzeugbude. Nach dem Mittagessen wurde ich mit einem Lastwagen, der die leeren Kessel ins Lager zurückbrachte, abtransportiert.

Beim Lagertor notierten sich ein SS-Mann und der Lagerälteste meine Häftlingsnummer. Sie sagten, daß ich als Arbeitsunfähiger in den Schonungsblock nach Birkenau überstellt werden sollte. Ich wußte, was das bedeutete: die Gaskammer.

Man brachte mich in den Krankenbau; in der Ambulanz des Krankenhauses wurde meine Wunde gereinigt und verbunden. Ich wußte nicht, was ich jetzt tun sollte. In meinen Block wollte ich wegen der Schikanen des Blockältesten nicht gehen, also blieb ich hier. Die Ambulanz füllte sich mit weiteren Häftlingen.

Ein weiß beschürzter Häftlingspfleger, robust und strotzend vor Gesundheit, brachte einen großen Kübel und stellte ihn in die Mitte des Raumes. Er streifte sich Gummihandschuhe über und nahm aus der Brusttasche eine Verbandsschere. Laut und barsch wandte er sich an die Häftlinge: »Los! Habt ihr eure Klamotten noch nicht herunter?«

Alle entblößten ihren Oberkörper; lederartige, leichenfarbene Haut bedeckte diese lebenden Skelette. Die Schulterblätter standen weit heraus, die Arme hingen schlaff herab und waren so dünn, daß selbst der Oberarm mit Daumen und Zeigefinger zu umfassen gewesen wäre. Einige hatten sich ganz entkleidet; ihre Beine waren seltsame, schmale Stöcke, auf denen knochig und ausladend die Becken ruhten. Jeder von ihnen trug irgendeinen Papierverband, an der Hand, am Arm oder um das ganze Bein. Einige sah ich, deren Beine waren rund und prall, sie waren voller Wasser und schimmerten bläulich.

Der Pfleger durchschnitt den ersten Verband. »Halt den Arm über den Kübel!« sagte er barsch. Der Verband fiel in die Tonne. Ein halbverfaulter Arm lag bloß. Der Pfleger behandelte eine eitrige Wunde mit Papierwatte. Mit dem gesunden Arm machte der Häftling eine schmerzhafte Gebärde, aber kein Laut kam über seine Lippen. »Marsch zum Block!« Der Häftling wankte fort.

»Der Nächste!« sagte der Pfleger. Mit Mühe hielt ihm einer sein dickverbundenes Bein hin. »Stell's gefälligst auf den Schemel hier!« Der Kranke gab sich große Mühe. Ich sah, wie sich seine Sehnen anspannten, aber es war ihm unmöglich, das Bein so hoch zu heben. Die Arme baumelten schlaff herunter. Die Rippen hoben und senkten sich keuchend. Da packte der Pfleger das Bein, stellte es mit einem Ruck auf den Schemel vor die Tonne. Es war der Griff eines Menschen, der eine lästige Arbeit verrichtet. Wieder schnitt die Schere, wieder fiel ein Verband. Eiter quoll hervor. »Halt doch die Flosse über die Tonne!« schrie der Pfleger. So ging es endlos weiter. Gräßlicher Gestank erfüllte inzwischen die Luft.

Da ertönte eine Stimme: »Achtung!« Der Pfleger fuhr zusammen und stand stramm. Auch wir waren hochgefahren und nahmen Haltung an. Ein SS-Mann trat durch die Tür. Seine Schaftstiefel glänzten. Sein brutales Gesicht war gerötet. Er sah sich herrisch um. Es war totenstill. Sein Stimme klang knarrend und militärisch: »Schöner Gestank hier! Fenster auf! Ja, wird's bald? Fenster auf, habe ich gesagt!«

Der Pfleger warf einen Blick auf die nackten Skelette, als wolle er für sie um Schonung bitten, doch gewohnt zu gehorchen, eilte er zum Fenster und riß beide Flügel auf. Der SS-Mann Hantel trat näher. Eines der Skelette stand ihm im Weg. Er schrie: »Willst du mir vielleicht Platz machen, altes Schwein! Hau ab, oder ich tret' dir in den Arsch! Höchste Zeit, daß du verreckst!« Dann verschwand er mit krachenden Schritten im Gang. Der Pfleger zückte die Schere. Es zog kalt zum Fenster herein.

Ein anderer Pfleger kam in die Ambulanz. Er war noch jung, und auch er sah gesund aus., »Schlimm ist das hier«, sagte er. »Manche sind nur drei Monate da, ein Teil ist schon gestorben. Lauter Leute von sechsunddreißig bis fünfundvierzig Kilo. Ja, die haben was durchgemacht: Schwere Arbeit im Zement- oder Transportkommando und dabei die Buna-Verpflegung. Diese hier werden alle bei den nächsten Selektionen durch den Kamin gehen.« Er sprach ganz laut und ungeniert und wies mit dem Finger auf die Verbände. »Fast lauter Erfrierungen. Die Gliedmaßen kann man den Leuten nicht amputieren, das lohnt sich nicht. Für die, die Wasser haben, ist es auch schon zu spät, die kommen kaum durch. Freilich, wir Häftlinge tun, was wir können.« Was für Gefühle mußten diese Worte bei den armen Menschen auslösen. Aber nichts in ihren Gesichtern veränderte sich. Ihre Züge blieben bewegungslos. Ihre glänzenden Augen behielten weiterhin den seltsam abwesenden Ausdruck. Es war, als hätten sie nichts gehört oder nichts verstanden. Apathie hüllte sie ein wie eine Narkose.

Dann traf ich meinen Freund Jan, er arbeitete im Krankenbau als Pfleger. Ich erzählte ihm, daß ich nach Birkenau überstellt werden sollte. Daraufhin ging Jan mit mir zu Stefan, dem Schreiber des Krankenbaus, und bat ihn, er solle mir helfen. Er brachte mich zum Häftlingsarzt, der mich noch einmal untersuchte und in den Krankenbau aufnahm. Außer dem verwundeten Bein hatte er auch noch Krätze als Diagnose auf meiner Krankenkarte angegeben, deshalb wurde ich in die Krätzeabteilung eingewiesen.

Die Krätzeabteilung war eine neue Einrichtung, denn die Krätze war erst seit kurzer Zeit bemerkt worden. Natürlich erkundigte ich mich sofort, wie es hier sei. Mein Nachbar lachte: »Mensch, so gut habe ich's noch nicht gehabt, seit ich im Lager bin. Den ganzen Tag Ruhe, jeden zweiten Tag wirst du eingeschmiert, dazu kommt der Pfleger zu dir. Die einen müssen sich mit gelber Salbe einreiben, die anderen mit schwarzer. Alle Woche einmal gibt es heißes Wasser. Damit wäschst du dich warm ab. Schlafen kannst du, soviel du willst. Der SS-Arzt läßt sich gar nicht blicken. Der Häftlingsarzt« – der selbst Häftling war – »und die Pfleger sind gute Menschen. Sieh nur zu, daß du so lange wie möglich bleiben kannst. Oder hast du ein gutes Kommando?«

»Transportkommando«, antwortete ich.

»Och, pfui Teufel! Da bleibst du lieber hier und machst es wie die anderen.«

»Wie machen die's denn?«

»Wirst schon sehen. Man kann nachhelfen.«

Im gleichen Augenblick ertönte die Stimme des Pflegers: »Ausziehen! Krätzekontrolle!« Sofort begannen wir, uns die Hemden und Unterhosen auszuziehen. Alle standen vor ihren Betten. Der Häftlingsarzt in seinem weißen Kittel ging die Reihen entlang, gefolgt von einem Pfleger, der zwei Kübel mit Salbe trug. Der Arzt blieb bei jedem stehen, betrachtete den Ausschlag an den verschiedenen Stellen des Körpers und verordnete gelbe oder schwarze Salbe. Der Pfleger tauchte einen Holzstab in den Kübel und gab dem Betreffenden einen Klecks auf die Hand. »Gut einschmieren, überall einschmieren, am ganzen Körper«, mahnte der Arzt. Dann ging er zum Nächsten.

Schließlich kam er auch zu mir. Erst untersuchte er mein Bein. »Gebrochen ist es nicht, da hast du Glück gehabt«, sagte er. Dann betrachtete er meine Krätze. »Anfangsstadium«, meinte er. »In ein paar Tagen ist das geheilt, eine Woche, höchstens zwei. Dafür kann keiner was. Wir sind eben im Lager. Einer Ansteckungskrankheit wegen braucht man sich nicht schämen.« Er erklärte mir die Krätze folgendermaßen: »Es ist eine Art Mikrobe unter der Haut. Du mußt dir denken, sie lebt dort und wirft eine Blase auf, ungefähr wie der Maulwurf einen Erdhaufen. Die Entzündung, die sie verursacht, wird wahrscheinlich durch ihre Exkremente hervorgerufen. Wenn man diesen Pickel aufkratzt, läuft man Gefahr, eine Blutvergiftung zu bekommen, da die Fingernägel schmutzig und diese Stellen außerdem von ganz besonderer Empfindlichkeit sind. Du bekommst jetzt mal eine Woche lang die gelbe Schwefelsalbe. Die schwarze ist Teersalbe. Wird es nicht besser, so versuchen wir es mit der. Also vor allem: nicht kratzen!« Dann ging er weiter. Er hatte freundlich gesprochen, man fühlte sich gleich wieder wie ein Mensch. Alle, die Salbe bekommen hatten, begannen sich einzureiben. Viele boten mir von ihrer Salbe an: »Willst du? Mir hat er zu viel gegeben.« Ich nahm natürlich gerne an.

Erst später verstand ich, warum ich die Salbe bekam. Die meisten benützten sie kaum oder gar nicht, sie taten nur so, als rieben sie sich ein: Sie wollten wenigstens zwei Wochen im Krankenbau bleiben. Mein Nachbar flüsterte mir zu: »Weißt du, du darfst nicht kratzen, aber« – er brachte seinen Mund nahe an mein Ohr – »wenn man nicht auf der bloßen Haut, sondern über der Unterhose oder über dem Hemd kratzt, dann merkt es keiner, dann gibt es keine Krusten und heilt doch nicht. Und wenig schmieren! Einige sind schon seit zwei Wochen hier, und es ist noch keine Rede von Besserung. Wer länger als zwei Wochen da ist, riskiert, daß er nach Birkenau geschickt wird, und du weißt sicher, was das bedeutet.«

Zwei Wochen – sie erschienen mir wie eine Ewigkeit, eine glückliche Ewigkeit. Selbst drei Tage hierbleiben zu dürfen, wäre schon ein großes Geschenk gewesen. Mit meinem linken Fuß konnte ich schon auftreten und langsam laufen. Um mich saßen oder lagen die Kameraden. Leises Stimmengemurmel war in der Luft. Die Situation erschien mir unwirklich. Ich sagte zu meinem Nachbarn: »Weißt du, mir ist, als träumte ich. Zwick mich mal in den Arm, vielleicht wache ich auf.« Aber statt aufzuwachen, schlief ich bald ein. Ich wurde durch sanfte Stöße der Kameraden geweckt. Man verteilte gerade das Essen. Alles geschah ohne Prügel. Jeder erhielt seine Portion Suppe und aß in Frieden und Ruhe, legte sich hin, machte einen Mittagsschlaf und unterhielt sich flüsternd mit dem Nachbarn. Himmlische Zustände! Natürlich schlief ich gleich nach dem Essen wieder ein und wachte erst gegen Abend wieder auf. Die Abendration wurde gebracht: Brot, Margarine und Suppe. Auch das ging ganz ohne Geschrei und ohne Schläge vonstatten. Nach dem Essen plauderten wir noch eine Weile, dann fielen mir die Augen von neuem zu. Es war ein herrliches Leben! Eine ganze Woche lang schlief ich, aß, schmierte mich ein und schlief wieder. Meine einzige Sorge war, dieses Paradies zu schnell wieder verlassen zu müssen.

Am Ende der Woche gab es heißes Wasser. Wir mußten alle in den Waschraum gehen und uns dort warm abwaschen. Sonst war das Waschen untersagt, da das Wasser die Krätze förderte. Aber einmal in der Woche mußte die Salbe abgewaschen werden. Nachdem ich mich abgetrocknet hatte, ging ich zu dem halbblinden Spiegel an der Wand und schaute hinein. Ein völlig fremder Mensch starrte mich an, eigentlich kein Mensch, sondern ein Totenkopf mit einem Überzug von bläulich-weißer Haut, die schlaff über den Knochen hing. Groß und schmal war die Nase, die kahle, hohe Stirn betonte den Totenkopf genauso wie die erschrekkend tiefen Höhlen, in denen rätselhaft große Augen glühten. Dieser Kopf saß auf einem mageren, sehnigen Hals und auf einem Körper, der nichts war als ein mit welker Haut überzogenes

Skelett. Ich starrte und starrte. Das sollte ich sein? Ich? Nein, hundertmal nein! Das war ein Phantom, ein Spuk, ein Fiebergebilde, wenn auch Züge von mir darin vorhanden waren. Ich bewegte mich. Auch der im Spiegel bewegte sich. Ich nickte ihm zu, er nickte zurück. Ich versuchte zu lächeln. Der im Spiegel antwortete, indem er die Zähne entblößte und mir das Grinsen eines Totenkopfes zeigte. Ich konnte mich von dem grauenvollen Bild nicht losreißen.

Ein Pfleger kam. Ich näherte mich dem Spiegel noch mehr und tat, als betrachtete ich etwas Besonderes in meinem Gesicht, eine Schramme oder etwas Ähnliches. Aber der Pfleger sagte: »Ja, schlecht schaust du aus, zum Fürchten. Es ist der Hunger und die schwere Arbeit. Pfui Teufel, was für ein Lager! Und da sagen sie, sie haben den Krieg gemacht, um die Kultur zu erhalten und sie anderen Völkern zu bringen. Pfui Teufel! Na, gräm dich nicht. Wenn du abkratzen mußt« – er zuckte die Schultern – »an dem bißchen beschissenen Leben ist auch nicht viel verloren. Mach's gut!« Und er ging durch den Waschraum. Ich fühlte mich ertappt, aber ich schämte mich nicht. Der Pfleger hatte nur die Wahrheit gesagt. Im Lager war man sehr aufrichtig in solchen Dingen, man scheute sich nicht, alles auszusprechen. Nicht einmal der Tod wurde tabuisiert, er war uns etwas Vertrautes, Alltägliches.

Am Waschtag kamen der Krankenbau-Lagerälteste Budiaszek und der SS-Arzt. Jeder Kranke mußte vor sie treten, Bemerkungen wurden auf der Karteikarte eingetragen, und eine ganze Menge Häftlinge wurde als geheilt bezeichnet. Noch am gleichen Tag wurden sie ins Lager entlassen.

Da standen wir nun alle nackt, in Reihen, einer hinter dem anderen, und der gefürchtete Augenblick der Begutachtung rückte immer näher. Vor mir war ein »Neuer«, der gerade erzählte, daß es draußen wieder sehr kalt sei und bei den Kommandos täglich viele schlapp machten. Bloß nicht jetzt daran denken, wo der Budiaszek und der Arzt so nahe standen! Der Mann im weißen Kittel untersuchte mich kritisch, dann sagte er: »Weiter gelbe Salbe nehmen, die Wunde ist ein bißchen vereitert, aber fast geheilt.« Das war alles. Für einige Tage war ich gerettet. Drei Tage vergingen, wie eben glückliche Tage vergehen. Über solche Zeiten läßt sich nicht viel erzählen, weil Minute um Minute, Tag um Tag gleichmäßig verstrichen. Es war ein Paradies im Lager. Aber plötzlich war wieder der gefürchtete Tag der Arztkontrolle da. Der Häftlingsarzt Dr. Silber sagte mir leise, ich müsse morgen ins Lager zurück wegen einer Selektion, die der SS-Arzt durchführen werde. Es bestehe die Gefahr, daß ich bei der Selektion nach Birkenau überstellt würde.

Am nächsten Morgen erhielt ich desinfizierte Kleidung: nach dem Mittagessen sollte ich entlassen werden. Ich unterhielt mich mit meinem Landsmann Karel Minc. Er war in der sogenannten Diätküche im Krankenbau beschäftigt. Jemand kam zu Karel und fragte ihn: »Hast du denn nichts gehört? Es wurde schon längst zum Kostholen gerufen.«

»Donnerwetter! Tibor, schnell, du mußt mitgehen, Kost holen. Vergiß nicht, deine Mütze aufzusetzen«, sagte Karel. Draußen standen schon einige Häftlinge aus anderen Krankenbaublocks in Reih und Glied. Einer der Häftlinge kommandierte: »Im Gleichschritt... marsch!« Unsere kleine Kolonne von etwa 20 Mann setzte sich in Bewegung. Karel flüsterte mir zu: »Wir gehen jetzt in die Küche, um die Suppe für den Mittag zu holen. Bleib bei mir, es ist besser, wenn wir zusammen den Kessel tragen. Wenn du zu einem unwilligen Mann zum Tragen kommst, ist es kein Vergnügen. Gib acht, daß wir den Kessel gerade halten, du kannst dir sonst die Hand verbrühen, die Griffe sind ganz oben, und oft schließen die Kessel trotz des schweren Deckels nicht gut. So ein Kessel ist schwer, er wiegt gefüllt etwa dreißig Kilo. Du darfst nicht absetzen, bevor nicht das Kommando dazu gegeben wird.«

»Achtung, Mützen ab!« Tatsächlich hatte ich das Kommando zum Mützeabnehmen überhört. Ich tat es noch im letzten Augenblick, denn gerade kam ein SS-Mann vorbei, der uns mit finsterer Miene anstarrte. Wir gingen die Lagerstraße entlang und bogen dann links ab.

Vor der Küche mußten wir uns nebeneinander aufstellen. Die Essensträger der anderen Blocks waren zu einer langen Schlange angetreten. Ich wollte etwas sagen, aber Karel stieß mich an: »Pst!« Und er wies unauffällig auf einen SS-Mann, der auf den Stufen zur Küche stand und uns beobachtete. Er hatte ein knochiges, brutales Gesicht und trug über der SS-Uniform eine weiße Küchenschürze, auf die er den Gürtel mit der Pistole geschnallt hatte. Er hielt einen Stock in der Hand. Er ging kurz in die Küche. Karel benutzte seine Abwesenheit, um mir zuzuflüstern: »Jetzt heißt es aufpassen! Wenn wir hineinkommen, gleich Mütze abnehmen, dann hinter den anderen hergehen. Die Kessel stehen in einer langen Reihe. Du gehst rechts, ich gehe links. Wenn die vor uns ihren Kessel aufheben, gleich bücken, den nächsten Kessel fassen und nichts wie raus! Sobald wir uns dumm anstellen oder zu langsam sind, hagelt es Prügel. Drinnen sind einige SS-Männer, die tun nichts lieber, als dir eine mit dem Knüppel über den Kopf zu hauen.« Die Kolonne setzte sich in Bewegung. Wir gingen schnell hinein.

Die Küche war ein riesiger Raum von etwa zwanzig Metern Breite und dreißig Metern Länge. In der Mitte standen mächtige, ganz moderne Kochkessel aus glänzendem Metall. Solch ein Riesenkochtopf mochte viele hundert Liter fassen. An den Kochkesseln standen Häftlinge auf Stufen. Sie trugen saubere gestreifte Drillichanzüge, weiße Schürzen und weiße Kappen. Der Boden war mit hellen Fliesen ausgelegt. Rechts und links von diesen Kesseln standen Reihen geschlossener Kübel. Alles war praktisch, sauber und hochmodern. Aber gekocht wurde nur Rübensuppe.

Ein Schrei schreckte mich aus meinem Staunen auf. Bisher war ich, die Mütze in der Hand, automatisch meinem Vordermann gefolgt. Jetzt blickte ich auf und nahm gerade noch wahr, wie ein Häftling taumelte und dann zusammenbrach. Ich sah, wie der Arm eines SS-Mannes sich wieder hob. Seine Hand hielt einen Stock.

Mein Hintermann stieß mich unsanft an: »Mensch, mach, daß du weiterkommst! Denkst du, daß ich deinetwegen Prügel haben will?« Zugleich forderte mich Karel mit einer Geste auf, schneller zu gehen. Zwischen uns war eine Reihe blauer Kübel. Wir schritten weiter, immer weiter. Auf einmal bückten sich die beiden vor uns, nahmen blitzschnell einen Kübel auf und liefen fort.

Ich schaute auf. Ein SS-Mann, der Küchenchef, stand da, eine Hand in die Hüfte gestemmt, in der anderen einen Stock haltend. Er schrie mich an: »Willst du vielleicht zupacken, du faule Sau?« Und schon hob er den Stock. Karel hatte den Henkel des Kübels bereits gepackt, auch ich faßte zu. Ein Ruck, wir hoben ihn auf, liefen mit ihm fort, und ich kam glücklich mit nur einem Schlag auf den Kopf davon.

Alle rannten mit den Kübeln so rasch wie möglich. Ich hielt das zuerst für Furcht vor dem Stock. Das war wohl auch ein Grund, ein wichtigerer aber war das Gewicht des Kessels. Er war schwer, sehr schwer, und man mußte den Weg so schnell wie möglich zurücklegen, wollte man ihn nicht fallen lassen. Als wir absetzen durften, wechselten wir schnell die Plätze, um mit der anderen Hand tragen zu können. Dabei sagte Karel: »So jetzt wieder hundert bis zweihundert Meter, dann kommt der nächste Halt. Ruck, es geht los!« Vor uns rannten schon wieder alle. Endlich hatten wir es geschafft.

Kaum hatten wir den Kessel abgesetzt, als man uns umkehren hieß, noch einen Kessel zu holen. Als wir wieder aus der Küche herauskamen, sahen wir, wie vorne auf dem Appellplatz eine Gruppe von Häftlingen von zwei SS-Männern gedrillt wurde. Wir hörten die Befehle nur undeutlich. Wir sahen, daß sie stillstehen mußten, dann marschieren, sie warfen sich flach auf den Bauch und rollten auf der Erde weiter. Ab und zu trat ein SS-Mann einen von ihnen. Dann sprangen alle auf und machten tiefe Kniebeugen. Den Oberkörper hochgereckt, die Arme waagerecht nach vorne gestreckt, begannen sie zu hüpfen. Es sah seltsam aus. Unter anderen Umständen wäre es zum Lachen gewesen, aber die rohen Stimmen der Kommandierenden verboten jede derartige Regung. Die Häftlinge mußten genau im Takt hüpfen, exakt in Reih und Glied ausgerichtet. »Hüpfen, Drecksäcke! Intelligenzsau! Judenbanditen! Hunde, verfluchte! Hüpfen!« Zwei Häftlinge lagen neben den Hüpfenden, ohne ein Lebenszeichen von sich zu geben.

Wir waren inzwischen ganz nah. Karel mahnte mich: »Nicht hinschauen! Wenn es einer sieht, kannst du gleich mitmachen. Man nennt das hier ›Sport‹. Eine schöne Bezeichnung, nicht wahr? Oft werden sie einige Stunden oder einen halben Tag lang so herumgejagt. Und immer gibt es Tote.«

Am Nachmittag wurde ich mit mehreren Kameraden von einem Pfleger zum Block 11 abgeführt. Aus meinem Paradies vertrieben. Wieder zurück ins Kommando . . . Wieder Prügel, Tritte, schwere Arbeit, Schmutz, Nässe, Kälte, Trostlosigkeit und Angst.

9 Das Gespräch

Die Verlegung vom Krankenbau ins Lager im Mai 1943 brachte eine gefährliche und schmerzliche Zeit der Wiedereingewöhnung mit sich. Man durfte nicht in seinen alten Block und zu seinem Kommando zurück. Das bedauerte ich grundsätzlich nicht. Aber im neuen Block hatte ich keine Bekannten. Ich erhielt neue Kleidung und Schuhe und mußte sie passend machen. Das Hemd hatte keine Knöpfe, die Schuhe drückten, die Hose rutschte herunter. Ich mußte mir wieder einen Löffel und eine Schüssel besorgen.

Ich fand mich in ein unbekanntes Milieu versetzt, mitten unter Häftlinge, die ich noch nie gesehen hatte. Die Eigenarten des Blockältesten, des Stubenältesten und der Kapos waren mir unbekannt, deshalb konnte ich mich nur schwer vor ihnen in acht nehmen. Als Häftling, der keinesfalls völlig gesund aus dem Revier zurückkam, fühlte ich mich wehrlos und leicht verletzbar wie ein Neuzugang. Ich suchte menschlichen Kontakt, aber die Mithäftlinge hatten andere Sorgen und wandten mir den Rücken zu.

Eines Abends wollte ich meinen Kameraden Otto im alten Block besuchen. Er lag auf seinem Strohsack und schlief. Er hatte müde, welke Züge. Ich wollte mich gerade fortschleichen, als er die Augen aufschlug und mich ansah. Dann sagte er: »Ach, du bist es! Weißt du, ich bin so fertig, ich habe mich gleich nach dem Essen hingelegt und bin eingeschlafen. Entschuldige, ich wollte schon lange mal zu dir kommen. Ich war einmal bei dir, aber da hieß es, du seist im Revier. Warst du denn krank? Ich hätte dich gerade fast nicht erkannt.« Er seufzte tief: »Weißt du, ich bin jetzt beim Kabelkommando, das ist noch schlimmer als das Transportkommando, für mich wenigstens.« Während er erzählte, gab er sich alle Mühe, seine Augen offenzuhalten, aber sie fielen ihm immer wieder zu. Wie mager er aussah! Wie seine Backenknochen hervorstanden! Ich wollte ihm die Hand zum Abschied reichen, aber er war schon wieder eingeschlafen.

Müde und hoffnungslos schlich ich zurück zum Block 11, dicht an der Wand entlang, wie schwache Menschen das instinktiv tun.

Ich wollte mich beeilen, aber ich kam nur langsam vorwärts. Ich kam in die Baracke, und plötzlich schrie der Blockälteste: »Achtung!« Wir sprangen auf und standen stramm. Auch er selbst stand wie eine Bildsäule und schnarrte soldatisch: »Block elf belegt mit 186 Häftlingen!«

In der Tür erschien ein großer, schlanker SS-Mann von etwa dreißig Jahren. Er hatte ein widerliches Gesicht. Angeblich wurde er gerade in einer SS-Schule ausgebildet und war nach Auschwitz geschickt worden. Ohne ein Wort zu sagen, stand er in der Tür. Es ging etwas Unheimliches von ihm aus. Bei dem Befehl »Achtung!« waren wir aufgesprungen und standen nun stramm. Er ließ seine Blicke über uns gleiten, gehässige, giftige Blicke. Dann deutete er mit dem Finger in eine Ecke und sagte mit sanfter Stimme halblaut: »Komm mal her, du Vogel.« Wer von den vielen war gemeint? »Ja, du, dich meine ich«, sagte er milde. Ein hochgewachsener Häftling trat vor. »Komm näher, noch näher. Weißt du nicht, daß du stillzustehen hast, wenn ich komme?« Er sprach so leise, daß es fast ein Flüstern war. »Weißt du nicht, wer ich bin? He? Denkst du vielleicht, ich bin ein Stück Scheiße wie du, he?« Der Häftling stand da und schwieg. Der SS-Mann hauchte: »Du willst wohl nicht antworten, was?«

»Ich ...« begann der Häftling stockend und bewegte dabei aus Angst und Verlegenheit eine Hand. »Willst du stillstehen vor mir, du Hund!« Der SS-Mann brüllte laut. Der Häftling fuhr erschrokken zusammen. »Was bist du von Beruf?« fragte der Blockführer weiter halblaut.

»Buchhalter.«

»So, so, Buchhalter, und da kannst du nicht einmal stillstehen?«

»Herr Blockführer, ich habe das Kommando nicht gehört.«

»Da kannst du hören, du Sau!« Er holte zu einem furchtbaren Faustschlag aus und traf den Mann mit voller Wucht unter das Kinn. Der stürzte zu Boden, sein Kopf krachte hart auf die Bretter. Regungslos lag er da. Der SS-Mann grinste und steckte sich zufrieden eine Zigarette an. Dann trat er näher und stieß mit dem Fuß an den Körper: »Schade, daß der Hund nicht verreckt ist. Aber bald wird er ein Kommando hören, im Himmel, dann kann er lernen, was die Engel da singen.« Er lachte über seinen Witz, schritt dabei über den Häftling. Er trat auf den Blockältesten

Bruno zu und fragte: »Wo sind die Zugänge vom Krankenbau? Ich will die neuen Vögel alle sehen.«

Der Blockälteste deutete auf den Nächststehenden: »Das ist ein Neuzugang, Herr Blockführer.« Es war ein holländischer Häftling mit rotem Winkel, ein ›Arier‹.

»Warum bist du hier?« – »Meine Frau ist Jüdin, Herr Blockführer.« Das schien den SS-Mann nicht weiter zu interessieren, er sagte: »So eine Drecksau!« und gab ihm eine Ohrfeige. Damit war der Fall für ihn erledigt.

Dann schnauzte er mich an: »Was bist du?«

»Student.«

»Was du arbeitest, habe ich dich gefragt!« Er sprach ganz leise und gab mir dabei eine Ohrfeige, daß ich taumelte.

»Schlosser.« Wieder bekam ich eine Ohrfeige.

»Schlosser, Herr Blockführer, heißt das, du Aas! Also ...«

»Schlosser, Herr Blockführer«, sagte ich.

»Komm her, mein Liebling, solche Gesichter sehe ich mir gerne genauer an. Komm nur noch näher, ja so.« Er lächelte böse und packte mich, schüttelte mich mit Genuß hin und her, so daß ich mit dem Kopf jedesmal an die Schlafkoje schlug. Dann gab er mir einen Tritt in den Leib, daß ich mich vor Schmerzen krümmte. »Hau ab«, sagte er schließlich.

Ich erinnere mich nicht mehr an alles, was noch geschah, weil ich nach den Schlägen betäubt war. Ich weiß nur, daß die Quälereien des SS-Mannes noch weitere Häftlinge trafen. Endlich blickte er noch einmal ringsum und schritt hinaus. Wir atmeten auf, als das Kommando »Weitermachen!« ertönte. Nach einer Weile beruhigte sich die Lage im Block.

Ein Häftling mit grünem Winkel fragte mich: »Du bist aus Prag? Mein Name ist Vojacek; vielleicht hast du früher von mir in den Zeitungen gelesen. Ich war der Geldschrankknacker in Brünn. Komm zu uns in den Tagesraum, ich habe dort noch zwei Kumpel. Gerade heute habe ich ein Paket bekommen, sicher hast du Hunger!«

Ich war überrascht von seinem Angebot. Ich traute mich nicht, in den Tagesraum zu gehen. Im Tagesraum waren zu der Zeit nur Kapos, Vorarbeiter und »Arier – Paketempfänger« untergebracht.

Aber er schleppte mich fast mit Gewalt hin. Er bot mir einen Platz an einem Tisch an und stellte mir seine Kumpel Havlicek und Lilich vor. Ich bekam von ihm Brot, Wurst und auch ein Stück Kuchen. Solche Leckerbissen hatte ich, seit ich im Lager war, nicht mehr gegessen. Ein Vorarbeiter hatte mich erblickt und fragte: »Was tut dieser Saujud hier?« Viele lachten.

Vojacek sagte: »Ich habe den Jungen eingeladen, aber wenn zu wenig Platz da ist, gehen wir raus. Er ist mein Landsmann, und ich denke, wir sind hier alle Kameraden, ganz gleich, was wir sonst sind. Wir sind doch alle im Lager.«

»Ach was, Jud bleibt Jud.« Wieder lachten viele.

Vojacek nahm diese Entgegnung nicht so ohne weiteres hin: »Und ich sage dir, daß wir alle im Konzentrationslager sind, und ein Häftling bleibt ein Häftling. Das hast du anscheinend noch nicht gemerkt. Du wärst ein guter SS-Mann geworden.« Jetzt waren die Lacher auf der anderen Seite, und es wagten sich sogar einige Stimmen hervor, die etwas zur Verteidigung der Juden sagten.

Lilich stand auf, schaute den Vorarbeiter groß an, wies mit dem Kopf auf die Umstehenden und fragte: »Sind das etwa Christen?« Die Frage klang fast töricht, aber ein Österreicher fühlte sich getroffen, denn in der Frage lag ein großer Vorwurf. Und nun entwickelte sich ein Gespräch – mitten in der Hölle von Auschwitz, in einer halben Stunde der Ruhe zwischen Prügel und unmenschlicher Arbeit – das sich mir bis heute tief eingeprägt hat:

»Es gab einmal Christen«, sagte der österreichische Häftling, »vor fast zweitausend Jahren, ganz im Anfang. Heute gibt es noch einige verstreute, einzelne, fast könnte man sagen, verborgene. Denn die meisten, die sich heute Christen nennen, wissen selbst nicht, was das heißt, oder sie wollen es nicht wissen. Sie sind getauft, das ist wie ein Stempel. Die Regeln und die schönen Grundsätze des Christentums kennen sie zwar, aber sie kümmern sich nicht viel darum. ›Liebe deinen Nächsten wie dich selbst ...‹ Gibt es eine einfachere, schönere Regel? Gäbe es etwas Beglükkenderes als ihre Erfüllung? Die Erde würde ein Paradies werden. Sie aber tun das Gegenteil. Sagte nicht Christus: ›Stecke das Schwert in die Scheide, denn wer das Schwert nimmt, soll durch das Schwert umkommen?‹ Und: ›Nicht siebenmal, sondern siebzigmal siebenmal sollst du deinem Bruder vergeben.‹ Wer lebt das? Nein, diese Menschen sind alle keine Christen, sie sind wie ein schlechtes Produkt, das eine edle Marke trägt.« Lilich sah den Österreicher verwundert an: »Bist du denn kein Christ?« – »Nein, ich bin ein ›Heide‹. Aber ich liebe die Lehre von Christus und bemühe mich, ihr zu folgen.«

»Seltsam«, sagte Lilich, »wie kommt das? Bist du denn nicht getauft?«

»Nein, weder getauft noch beschnitten, nichts. Meine Eltern waren der Meinung, daß ihre Kinder selbst wählen sollten, wenn sie erwachsen wären, zu welcher Religion sie sich bekennen wollten. Ich kann mich aber zu keiner einzelnen bekennen, ich bekenne mich zu allen, weil ich in allen nur eine einzige Religion sehe, so wie ich in den verschiedenen Gliedern des Körpers nur ein Ganzes, nur den Menschen sehe. Deshalb habe ich keine Konfession. Für mich ist eine Moschee genauso ein Tempel wie eine Synagoge, eine christliche Kirche oder ein buddhistischer Tempel. Ich weiß, sie alle wollen das eine, das Schöne, das Große, Erhabene, wollen Gott. Und ich bin glücklich an jedem Ort, an dem man das will. So bin ich eigentlich alles, aber da ich außerhalb der Grenzen stehe, die die Konfessionen gesteckt haben, sagte ich, ich sei ein Heide. Und gerade weil ich ein Heide bin, gerade weil ich etwas abseits stehe, kann ich dir sagen: Hier sind keine Christen.« Dann fragte er den Lilich: »Kennst du die Bibelforscher?«

»Nein, ich kenne sie nicht.«

»Siehst du, die gehen nicht in den Krieg, die lassen sich lieber töten, als daß sie einen anderen Menschen töten. Ich glaube, nur so handeln wahre Christen. Und weißt du, ich habe etwas Schönes mit ihnen erlebt. Wir waren nämlich mit ihnen zusammen auf einem Block, in Lager Stutthof, Juden und Bibelforscher. Die Bibelforscher mußten zu dieser Zeit schwer arbeiten, bei kaltem Wetter immer draußen. Kein Mensch begriff, wie sie es ausgehalten haben. Sie sagten, Jehova gibt ihnen die Kraft dazu. Sie brauchten ihr Brot sehr nötig, denn sie hatten Hunger. Aber was taten sie? Sie trugen alles Brot zusammen, das sie hatten, nahmen sich die Hälfte davon und legten die andere Hälfte ihren Brüdern hin, ihren Glaubensbrüdern, die ausgehungert von anderen Lagern kamen. Und sie hießen sie willkommen und küßten sie. Bevor sie aßen, beteten sie, und nachher hatten alle verklärte und glückliche Gesichter. Sie sagten, daß keiner mehr Hunger habe. Siehst du, da habe ich mir gedacht: Das sind wahre Christen, so habe ich sie mir immer vorgestellt. Wie schön wäre es gewesen, ausgehungerten Mitbrüdern hier in Auschwitz einen solchen Empfang zu bereiten. Eigentlich sollte man das von denen erwarten, die Pakete empfangen, wo wir doch alle dem Tode entgegengehen, wenn nicht in letzter Stunde etwas kommt, das uns rettet. Die Juden werden systematisch zu Tode gequält und dann ins Gas geschickt. Sie erhalten die schlechteste Arbeit, dafür bekommen sie die meisten Prügel und müssen die größten Schikanen aushalten. Zu ihren Wächtern bestellt man Kapos und Blockälteste, die wie wilde, gereizte Bestien sind. Eine Bestie, die ein Engel sein könnte, übertrifft alles andere an Bestialität: die Bestie Mensch. Die SS-Leute behandeln die Juden mit Hohn, mit Haß und Grausamkeit. Man tut alles, daß die, die nicht gleich ins Gas gehen, auf andere Weise so schnell wie möglich eingehen. Wo man hinsieht, überall ist ihnen im großen wie im kleinen der Tod bereitet; es ist nur eine Frage, ob er heute schon an die Juden herantritt oder erst nach Tagen, Wochen oder Monaten. Warum vergolden wir Mithäftlinge ihnen diese letzte kurze Frist nicht durch Liebe? Seht ihr nicht den Tod, der auf uns alle wartet?«

Eine Weile war Stille. Dann antwortete Lilich dem Österreicher: »Nur der, der etwas hat, kann auch etwas geben, jedoch von dem Nichts noch etwas abzuzweigen, da fängt das wahre Geben an.«

Der Österreicher fuhr fort: »Nicht aus dem Überfluß, nein, aus der Not heraus dem Nächsten noch helfen, das ist groß, das ist ›schenken‹. So arm sein, daß man kein Stück Brot mehr hat, aber einen guten Blick, ein gutes Wort noch verschenken können, das ist ›Reichtum‹. Seht euch das unglückliche jüdische Volk an. Es liegt ein Fluch auf ihm, der vielleicht ein Segen ist. Ein lebendes Wunder ist das Volk: Geflüchtete, verstreut in alle Länder der Erde, die sich seit fünftausend Jahren als Volk erhalten haben. Ein großes, umfassendes Ideal ist ihre Religion. Das hat auch die Kirche erkannt, die einen großen Teil ihrer Lehre übernahm: das Alte Testament, das nicht christlich, sondern jüdisch ist. Es waren immer welche in diesem Volke, die das Ideal hüteten, schützten und verbargen. Diese heilige Flamme hat die Juden genährt, in

hartnäckig am Alten festhielten, zusehen, wie sie fertig wurden – jene, die immer noch nicht begreifen wollten, daß eine neue Zeit da war. Gerade als das Volk sich ganz verlieren wollte, kam die Verfolgung. Viele Juden müssen ihr Leben in Lagern lassen. Viele aber erinnern sich der Bundeslade, die sie einstens aus Ägypten geführt hatte, das heilige Licht der Erleuchtung, des Guten. Das goldene Kalb hatte sie noch nie retten können, es war stets nur ihr Untergang gewesen und hat ihnen immer den Schrecken des Todes gebracht. Und auch die, die sich vermischt hatten, konnten sich vor dem Schrecken nicht retten. In dieser Zeit leben wir heute.

Durch das viele Leid wird das Volk Israel sich wieder finden, wird seine wahren Schätze und Werte erkennen. Beim Schein des geheimnisvollen Lichtes aus der Bundeslade, beim Schein der alten Weisheit wird das geschehen.«

Wir alle am Tisch hatten ihm stumm zugehört. Havlicek fragte den Erzählenden, welchen Beruf er früher gehabt habe. »Ich war in Wien an einer Hochschule tätig und bin viel in der Welt gereist.« Dann fuhr der Österreicher fort: »Und je mehr die Juden an das Geld glaubten, desto weniger glaubten sie an Gott. Aber das alles hat mit dem Lager heute nichts zu tun. Was wir hier sehen und erleben, ist eine Schande des ganzen Nazideutschlands. Wer sich wirklich schämen muß, sind nicht wir, die Hungernden, sondern die SS-Leute und die Nazi-Partei, die diese Dinge zuläßt, die seit Jahren weiß, daß es solche Todeslager gibt. Ja, jene sollten sich schämen, die andere Menschen vergasen und als gehorsame Knechte alle Schandtaten ausführen, die ihnen befohlen werden. Sie sollten sich schämen, nicht wir, wenn unsere Kameraden Kartoffelschalen essen und vor Verzweiflung und Jammer ihr Menschsein verlieren.«

Plötzlich verstummte das leise Gemurmel der Stimmen. Wir schauten auf. Im Türrahmen standen ein Kapo und der Blockälteste. Mit höhnischen Augen blickten sie auf uns. Ich wollte aufstehen und weggehen, aber Havlicek hielt mich auf der Bank fest. Da fragte der Blockälteste mit schneidender Stimme: »Was hat der Jude da im Tagesraum zu suchen? Schmeißt den doch raus! Dieses Gesindel, diese Volksbetrüger, die uns das Geld aus der Tasche gestohlen haben!«

Der Österreicher faßte meine Hand: »Komm, wir gehen hinaus,

sonst macht der da Theater.« Draußen sagte er mir: »Der Blockälteste hat da etwas gesagt von Volksbetrüger, das paßt doch viel besser auf ihn, der war doch früher ein Taschendieb. Jetzt spricht er, als ob die Juden ihm das Geld aus der Tasche gestohlen hätten, nicht zu fassen.« Er schüttelte den Kopf und verabschiedete sich.

Nach einer Weile kam Havlicek zu meinem Bett und fragte mich: »Wer ist dein Kapo? Warte, morgen spreche ich mit ihm, du kommst zu uns ins Schlosserkommando!« Und am nächsten Tag war ich in Kommando 36 mit Havlicek, Vojacek und Lilich. Ich dachte: »Es gibt doch Gentleman-Grüne, die sich im Lager anständig benehmen und helfen.« Diese drei haben mir einige Monate lang geholfen, die schlimme Zeit zu überstehen.

10
Eine Selektion

Im Frühsommer 1943 wurden neben dem Appellplatz zwei riesige Zelte aufgebaut. Jedes dieser Zelte beherbergte bis zum Herbst über tausend Häftlinge, dann wurden die Zelte abgebrochen. Die Blöcke waren mit zweitausend Mann überbelegt. Wir ahnten, daß die SS bald Maßnahmen treffen würde, um unsere Anzahl zu vermindern. Wir fürchteten eine große Selektion. Nach etwa zwei Wochen war es soweit.

Es war an einem Arbeitssonntag. Bis 13 Uhr wurde gearbeitet, dann gingen wir in die Blöcke, und wie gewöhnlich begann die Suppenausgabe. Doch nach einer Weile läutete die Lagerglocke. Die große Selektion! Die Glocke läutete zum Wecken und zur Nachtruhe; wenn sie am Tag klingelte, hieß das für gewöhnlich: Blocksperre. Niemand durfte sich aus dem Block entfernen, damit sich keiner der Selektion entziehen konnte.

Der Blockälteste verkündete, daß sich jeder ausziehen und entsprechend seiner Häftlingsnummer aufstellen müsse. »Achtung«, hörte man den Blockältesten, und dann seine Meldung an die SS-Männer. Im Tagesraum standen der SS-Arzt Fischer, Sanitätsdienstgehilfe (SDG) Neubert und zwei SS-Blockführer. Der Blockälteste rief die Häftlingsnummern der Reihe nach auf. Wir traten einzeln vor die Richter über unser Schicksal. Mit einem Blick wurde über Leben oder Tod entschieden. Binnen weniger Minuten wurden in unserem Block etwa zweihundert Häftlinge selektiert, im Verlauf des Nachmittags das ganze Lager mit zehntausend Mann »gemacht«.

Nach der Selektion durften wir zurück in den Schlafraum gehen und uns anziehen. Keiner von uns kannte sein Schicksal.

Erst Montag früh vor dem Appell erfuhren wir im Block von dem Blockältesten, wer in den »Schonungsblock« nach Birkenau überstellt werden sollte. Neununddreißig aus unserer Baracke wurden aufgerufen. Sie durften nicht zur Arbeit antreten. Beim Appell wurden die Selektierten getrennt von den Arbeitskommandos aufgestellt. Darunter waren auch kräftige Kameraden wie mein Nachbar Milan, der aber unter Geschwüren litt und einen Papierverband im Genick hatte.

Der SS-Leitung ging es nicht so sehr darum, die Geschwächtesten ins Gas zu schicken; man wollte einfach etwa 20% der Besatzung des überfüllten Lagers loswerden. Die bei der Selektion Ausgesuchten wurden mit Lastwagen nach Birkenau abtransportiert. Ihre Bekleidung wurde nach einigen Stunden zur Desinfektionsstation ins Lager zurückgebracht.

11 Kommando 48

Beim Morgenappell hieß es: »Stillgestanden!... Mützen ab!... Augen rechts!...« Es ging wie immer ruck-zuck. Starr und aufrecht standen wir, den bloßen Kopf nach rechts gewandt. In meinen Gedanken tauchte beim Appell oft ein anderes Bild auf: Meine Heimatstadt erwachte jetzt langsam zum Leben. Frühaufsteher tranken vielleicht schon ihren Morgenkaffee. Straßenbahnen fuhren durch den Morgen. Hier aber standen etwa zehntausend Häftlinge steif und stramm, Männer, die in einer anderen Welt lebten, abgeschnitten von den übrigen Menschen. Sollten wir schon vergessen sein? Wußte man draußen denn nichts von dem, was hier geschah?

Es war ziemlich kalt und windig. Ich sah meine Kameraden, die dastanden, ohne die Miene zu verziehen, als müsse alles so sein. Mein Nebenmann sagte leise zu mir: »Wir sollen ja verrecken, langsam verrecken. Mit jeder Minute Appellstehen bröckelt ein Stückchen von unserer Gesundheit ab. Das ist kein Mord, nein, nur ein langsames Auslöschen. Und warte nur, wenn mal einer fehlt, dann stehen wir die ganze Nacht, bis er gefunden ist. Ganz gleich, ob es regnet, ob es schneit, ob es kalt ist oder eine sternhelle Sommernacht. Wir stehen hier und warten.«

Auf einmal sah ich, daß in unserer Block-Formation, unweit von mir, ein Mann zusammenbrach und sich am Boden krümmte. Der Stubendienst trat näher, betrachtete ihn mit Kennermiene: »Mach Schluß mit deinen Krämpfen, das kannst du deiner Großmutter vormachen. Los, steht auf!« Statt einer Antwort verdrehte der Häftling die Augen und atmete schwer.

Da trat der Blockälteste Schneeweiß zu ihm: »Mensch, mach, steh auf! Gleich wird der Blockführer kommen, der tritt dich in den Arsch, los, steh auf!« Aber die Glieder des Gestürzten verkrampften sich noch mehr.

»Vielleicht ist er krank«, wagte einer zu sagen.

Der Blockälteste sah ihn an, zuckte die Achseln und meinte: »Ihm fehlt nichts, er markiert bloß, er will sich drücken.«

Da kam auch schon der SS-Blockführer. »Was ist los?« Er stieß den Liegenden mit dem Fuß an. »Los, du Saukopf, steh auf!« Der am Boden lag mit geschlossenen Augen da und rang nach Luft. Da brüllte der Blockführer: »Los! Steh auf, sonst mach' ich dich fertig!« Dabei trat er ihn mit dem Stiefel in die Seite.

Das Gesicht des Mannes verzerrte sich, seine Hände verkrampften sich so, daß die Fäuste wie runde Kugeln aussahen. Aber er stand nicht auf. Auf einmal lösten sich seine verkrampften Hände, wurden schlaff, und der Kopf fiel zur Seite. Der Blockführer schob ihm die Stiefelspitze unter den Kopf und hob sein Gesicht in die Höhe. Die Augen waren halb geöffnet. »Schafft ihn halt nach dem Appell in den Krankenbau, die werden schon mit ihm fertig. Wenn ihm aber nichts fehlt, dann kriegt der Sauhund fünfundzwanzig Schläge auf den Arsch. Soll sie halt verrecken, die Sau!« Dann ging er.

Der Blockälteste rief sein Kommando zusammen. Alle standen stramm. Der Blockführer zählte ab. Der Mann lag immer noch da und gab keinen Laut von sich.

Noch vor dem Befehl: »Kommando antreten!« trat der Stubendienst Hirsch zu dem am Boden Liegenden und schrie ihn an: »Steh schon auf! Meinst wohl, wir sollen dich auch noch spazieren tragen?! Hast ja erreicht, was du wolltest, der Appell ist vorbei, brauchst heute nicht auszurücken. Aber jetzt geht's ins Revier, los!« Der zweite Stubendienst drängte ihn weg: »Laß mich mal sehen.« Er beugte sich über den Liegenden, schaute ihm ins Gesicht und fühlte seinen Puls. Dann drehte er das Gesicht zu sich her und öffnete die Augenlider. Der Kopf fiel schwer zur Seite. Der Blockälteste war zu ihnen getreten: »Na, was ist mit ihm, will er nicht aufstehen?«

Der Stubenälteste erhob sich. Schließlich sagte er: »Er ist tot.«

Dann hieß es: »Arbeitskommandos antreten!« Als ich mich in meinem Kommando neben meinem Freund Hugo stellte, war er sehr einsilbig. Endlich sagte er leise: »Der Tote, das war mein Bekannter Fantl, wir haben uns in Theresienstadt kennengelernt. Ich habe zuerst auch geglaubt, daß er simuliert. Aber ihn so sterben zu sehen! Aus unserem Transport ist nur noch ein Häufchen übriggeblieben.«

Am Lagertor meldete unser Kapo Bednarek der SS den Stand

seines Kommandos: »Kommando 48, mit 118 Häftlingen zur Arbeit.«

Hinter dem Tor standen neue SS-Baracken, sie dienten dem Wachpersonal als Unterkunft. Neugierige junge Gesichter schauten aus den geöffneten Fenstern zu uns herüber, Burschen von achtzehn bis fünfundzwanzig Jahren. Als wir in ihrer Nähe waren, riefen sie uns höhnische Worte zu: »Ihr Kriegsverbrecher! Ihr Saujuden!« Worte, die aus vergifteten Seelen kamen.

Als wir rechts vom Lager in Richtung Bunagelände abbogen, knallte es plötzlich. Ein SS-Posten hatte geschossen. Alle warfen sich automatisch zu Boden: Die SS hatte uns das gelehrt, damit wir beim Zielen auf einen Flüchtenden nicht ihre Sicht behinderten. Weitere Schüsse ertönten. Der flüchtende Häftling fiel, das Gesicht zu Boden.

Es flohen Häftlinge, die nicht mehr konnten und wollten. Ein paar Schritte nur aus der Gruppe laufen oder vortreten, das wurde schon Flucht genannt. Die Posten schossen, und der Kamerad war in der ewigen Freiheit.

Wir mußten wieder aufstehen und marschierten links über eine Landstraße ins Bunagelände hinein. Nach etwa zehn Minuten wurde »Halt« kommandiert. Ich sah mich um. Links von uns waren umgegrabene Erdflächen. Bauholz lag herum, und eine Hütte mit Schuppen stand vor uns.

Neben mir flüsterte Hugo: »Der Vorarbeiter soll in Ordnung sein. Er heißt Kellner, er ist aus dem Sudetenland, ein Politischer. Bleib immer in meiner Nähe. Er wird mir sicherlich eine bessere Arbeit geben, er hat wegen mir mit Ferda aus der Schreibstube gesprochen.«

Vor der Hütte erschien Oberkapo Bednarek. Seine Stimme war unangenehm. Er kam näher und sah mit seltsamen, halbirren Augen über uns hin. »So, das soll ein Kommando sein. Lauter Dreck. Na, wir werden ihnen das Arbeiten schon beibringen. Blut sollen sie schwitzen, die Hunde! Die werden mich noch kennenlernen, die werden sich noch merken, wer der Bednarek ist.« Er musterte jeden einzelnen schadenfroh. Dabei war es immer, als werfe er ab und zu einen raschen Blick über die Schulter, als stehe jemand hinter ihm. Es sah aus, als fürchte er, angefallen zu werden. Später begriff ich diesen »Tick«: Es waren seine Untaten, die hinter ihm standen, die Häftlinge, die er geschlagen hatte und die, die gestorben waren. Er begann zu reden: »Also, daß ihr's wißt, von heute ab bin ich euer Oberkapo, und der Kellner ist euer Vorarbeiter hier. Was ich euch befehle, habt ihr unbedingt zu tun. Sonst könnt ihr was erleben! Soll nur einer wagen zu mucken, ich schlag' ihn, daß er verreckt, er wär nicht der erste. Ich bin ein guter Kerl, von mir könnt ihr alles haben, aber arbeiten müßt ihr und euch anständig benehmen. Der Kommandoführer wird euch beobachten. Wenn es einem von euch nicht mehr paßt, dann kann er ja dort über die Postenkette gehen, ich hindere ihn nicht daran, ich halte ihn nicht zurück, er soll nur zu Jehova, wenn er will, je eher, je besser, dann brauch ich mich nicht mehr mit ihm herumzuärgern und der Herr Kommandoführer hier auch nicht.« Dabei wies er auf den Kommandoführer, der in elegantem Uniformmantel neben ihm stand, ein junger Mensch mit einem hübschen, aber finsteren Gesicht und schwarzem Haß in den Augen.

Er nickte beifällig: »Ja, sollen sie nur über die Postenkette gehen. Wer einen Fluchtversuch macht, wird erschossen, ohne Anruf.«

Oberkapo Bednarek lächelte zufrieden: »Und jetzt werde ich euch eine Arbeit geben, ihr Hurensöhne, eine schöne, saubere Arbeit, eine Sonntagsarbeit, eine leichte Arbeit. Ihr habt Glück, daß wir mit dem Bau noch nicht angefangen haben, aber das kommt noch. Ihr werdet mich schon noch kennenlernen! Los, an die Arbeit!«

Wir holten uns im Laufschritt aus der Hütte unser Werkzeug: »Stampfer« – das waren Pfahlstöcke, an denen rechts und links je eine Latte als Handgriff angenagelt war, so daß man sie heben und dazu gebrauchen konnte, Erde festzustampfen. Nachdem jeder ein Instrument hatte, stellten wir uns wieder in Reih und Glied auf. Wir mußten nun den harten Boden stampfen und dabei immer einen Schritt vorgehen. Dabei sollten wir zählen: »Eins-zwei-drei-vier«. So gingen wir stampfend auf und ab. Die Zeit schlich dahin. Wer aus dem Rhythmus kam, erhielt von Bednarek eine Ohrfeige. Wir meinten, Stunden müßten schon vergangen sein, aber es war noch nicht mal eine herum.

Dann schrie der Oberkapo: »Was? Die Sonne scheint, und die arbeiten in Jacken? Jacken aus, los, marsch! Mützen ab, alles hingelegt!« Wenn auch die Sonne schien, so ging doch ein kalter Wind. »Wartet nur, jetzt werdet ihr mehr stampfen, ihr Hunde, dann wird's euch warm. Los, stampfen!« So brüllte Bednarek und schlug auf die Nächststehenden ein.

»Eins-zwei-drei-vier.« Bei »eins« mußten wir immer einen Schritt vorwärts machen, dabei hatten alle genau in Reih und Glied zu bleiben. Das war nicht einfach.

Die Minuten schlichen dahin. Vorarbeiter Kellner gönnte uns eine Pause. Aber wir froren beim Stehen in den dünnen Hemden, deshalb waren wir froh, als wieder das Kommando erscholl: »Eins-zwei-drei-vier«.

Nach einer Ewigkeit durften wir einzeln austreten. Wir mußten uns beim Oberkapo abmelden und dann wieder zurückmelden. »Herr Oberkapo, bitte um Erlaubnis zum Austreten«, war die Formel, die es uns erlaubte, daß wir uns ausnahmsweise vom Kommando entfernten. Die Latrine war eine Oase des Friedens. Es waren keine der üblichen hölzernen Trennwände für die verschiedenen Abteilungen angebracht, die da hießen: »Nur für Polen«, »Nur für Ukrainer«, »Nur für Kriegsgefangene« (Engländer) und ein wenig abseits: »Nur für Häftlinge«. Bei der Rückmeldung beim Oberkapo erhielten wir normalerweise einige Ohrfeigen oder Fußtritte wegen angeblich zu langer Abwesenheit auf dem Abort. Danach ging es im alten Rhythmus weiter.

Ich sah, wie der Bednarek mit einem Holzknüppel auf einen Mithäftling einschlug: »Willst du stampfen, du Arschloch, du Brillenschlange du?« Es war Lazansky, er war mit mir aus Theresienstadt mit dem Transport »BY« in Auschwitz eingeliefert worden. Bednarek schlug ihm wieder und wieder den Prügel über den Kopf. Lazansky trug eine Brille. Diese Augengläser aber schienen Bednarek ganz wild zu machen, denn immer weiter schimpfte er über »die Brillenschlange« und schlug den Armen, so oft er an ihm vorbeikam.

Und wir stampften, stampften und machten dabei immer wieder einen Schritt vorwärts. Es war uns, als seien zehn Stunden vergangen, aber in Wirklichkeit stand die Sonne immer noch am Himmel. Es wurde kälter, der Wind fuhr eisig durch unsere Hemden. Viele husteten. Einmal kam der Vorarbeiter Kellner vorbei. Er sah uns zu und fragte einen Häftling: »Warum tragen die Leute keine

Jacken und Mützen?« Der Kamerad sah verlegen aus und stotterte: »Der Oberkapo hat es angeordnet . . .« – »Was? Es ist schon kalt geworden, die Leute ziehen sofort ihre Jacken an! Los, Jacken an! Mützen auf!« Wie dankbar wir für diese Worte waren! Mit den Jacken am Körper ging es uns gleich viel besser, auch wenn die Hände vor Kälte rot waren. Und wie wohl es tat, die Mütze auf dem kahlgeschorenen Kopf zu fühlen! Nun mochte es ruhig noch eine Weile dauern, es war nur noch halb so schlimm. Unweit von mir stand mit blutbeschmiertem Gesicht mein Kollege Lazansky, er stützte sich auf den Stampfer, er konnte nicht mehr alleine stehen.

Das Kommando: »Stampfer abgeben!« ertönte. Oberkapo Bednarek brüllte. Wir traten ihm nicht rasch genug an, standen ihm nicht gut genug in Reih und Glied.

Mein Nebenmann Hugo sagte leise zu mir: »Heute ist es noch gut gegangen, nur den armen Lazansky müssen sie tragen.«

Dann hörten wir die Lagerkapelle spielen und marschierten durchs Tor, alles wie immer. Kaum aber hatten wir das Tor passiert, da erschien der Rapportführer Rakers und gab das Kommando: »Links schwenken!« Also marschierten wir auf den freien Platz neben der Lagerstraße und mußten dort anhalten. Was hatte das zu bedeuten?

Plötzlich waren fünf oder sechs SS-Männer da. Sie gaben das Kommando: »Linksum«, so daß wir statt in kurzen Fünferreihen nun in fünf langen Reihen hintereinander standen. Wir mußten uns ausrichten, dann trat die erste Reihe vor, etwa drei Schritte. »Taschen ausleeren!« schrie der Rapportführer. Ich war in der zweiten Reihe. In die Reihe vor mir kam unruhige Bewegung. Jeder warf, was er in den Taschen hatte, in seine Mütze, die er vor sich legen mußte. Die Taschen wurden herausgezogen, das Futter hing nach außen. Alle Häftlinge hatten angstvolle Blicke und zittrige Hände. Jemand neben mir flüsterte: »Ich sehe schwarz. Gerade heute müssen sie filzen.«

Die SS-Männer tasteten jeden Mann ab. Keine Stelle blieb unberührt, selbst die Nähte, die Zipfel der Jacken, alles wurde abgetastet und befühlt. Die Beine mußten gespreizt, die Arme hochgehoben werden. Als man den Mann vor mir zu durchsuchen begann, gab es gleich Krach: »Was, du Drecksau, einen Bleistift hast du eingesteckt?« Und schon schallten zwei Ohrfeigen. »Vortreten!« Der Häftling trat einen Schritt vor.

Der SS-Mann ging zum nächsten: »Leer die Mütze aus!« Der Häftling tat es. Ein Stück Lappen fiel heraus. »Was ist das?« fragte der SS-Mann.

»Mein Taschentuch.«

»Was? Das ist doch ein Stück Decke! Was hast du mit dem Rest der Decke gemacht?« Der Häftling bekam einen Tritt.

»Herr Blockführer, ich habe das Taschentuch gefunden.«

Der SS-Mann begann, ihn abzufühlen. An einer der Nähte stutzte er, fühlte wieder, drehte die Naht um und zog einen Zigarettenstummel heraus. »Willst du noch einmal lügen, du Drecksau? He? Rauchen während der Arbeitszeit, was?« Und er schlug ihm mit der Faust ins Gesicht, daß das Blut aus der Nase schoß. Dann zog er ein Notizbuch aus der Tasche: »Nummer, Block, Kommando.« Der Häftling antwortete und wischte sich mit dem Handrücken das Blut ab. Der SS-Mann schlug ihn wieder ins Gesicht: »Willst du stramm stehen, wenn ich mit dir rede?«

»Jawohl, Herr Blockführer.«

»Hau ab!« Der Häftling trat einen Schritt vor. Der SS-Mann gab ihm noch einen Tritt. Drei Leute fertigte er dann ab, ohne etwas zu finden.

Schließlich aber fand er bei einem ein Stück Brot. »Woher kommt das Brot?«

»Das ist mir von gestern abend übriggeblieben, Herr Blockführer.«

Schon knallen zwei Ohrfeigen in sein Gesicht. »Das ist doch kein Lagerbrot, du Drecksack! Das ist Zivilbrot! Wo hast du das her? Willst du reden?«

»Gefunden«, antwortete der Häftling.

»So, gefunden, das kannst du erzählen, wem du willst, aber nicht mir, du Schuft!« Der SS-Mann begann, ihn zu treten und zu schlagen.

Der Rapportführer kam vorbei und sah zu. Er fuhr den SS-Mann an: »Mensch, mach doch nicht so lange herum, die anderen sind schon fertig. Schreib ihn auf. Der wird schon singen, wenn er fünfundzwanzig Schläge auf den Arsch bekommt.«

Der Häftling war zu Boden gestürzt. Er stand auf. Auch seine Häftlingsnummer wurde aufgeschrieben. Dann mußten die »Gefilzten« wieder einige Schritte vortreten.

Nun kam die Reihe dran, in der ich stand. Auch wir mußten drei Schritte vortreten, so daß wir frei dastanden und die Kameraden dahinter uns nichts abnehmen konnten. Wieder begann das gleiche Schauspiel. Wir einfachen Häftlinge hatten nichts bei uns. Den armen Lazansky, der am Boden lag, filzte die SS nicht. Endlich konnten wir zum Appell abmarschieren. Nach dem Appell wurde Lazansky in den Krankenbau gebracht. Danach habe ich ihn nie wieder gesehen.

Nach dem Abendessen sprach ich mit meinem Landsmann Karel, der schon 1939 von der Gestapo verhaftet worden war, über die Durchsuchung. Karel lachte: »Oh, das ist gar nichts Besonderes. Jeden Tag kann es dir passieren, wenn du über die Lagerstraße gehst oder auch im Bunagelände, daß ein SS-Mann dich anhält und filzt. Wenn die SS Langeweile hat, dann wird einfach ein ganzes Kommando gefilzt. Oft ist es auch so, daß zu wenig Verfehlungen gemeldet werden. Dann filzt man wieder, sei es ein Kommando, sei es einen Block. Man tut das, um die Lagerdisziplin aufrechtzuerhalten und aus Sadismus.«

»Was wird mit dem geschehen, der das Zivilbrot versteckt hat?« fragte ich ihn.

»Sehr einfach, er wird bei der politischen Abteilung vernommen werden. Fällt das, was er sagt, nicht zu ihrer Zufriedenheit aus, oder denken sie, er könnte eine Verbindung mit einem Zivilisten haben, wird er so lange geschlagen, bis er ›singt‹. Und dann erst diktieren sie ihm eine Strafe. Nach ein paar Wochen bekommt er seine fünfundzwanzig Schläge, und wenn er Pech hat, kommt er in den Stehbunker*. Dort kann er einige Wochen bleiben. Du kannst dir vorstellen, wie so ein Mensch aussieht, wenn er wieder herauskommt, nach all den Strapazen, die er schon vorher im Lager aushalten mußte. Es gibt viele, die den Bunker nicht mehr lebend

* Im Block 11 des Stammlagers Auschwitz befand sich im Keller eine weniger als 1 qm große Zelle, in die im Rahmen von Bestrafungsaktionen bis zu vier Häftlinge in vollkommener Dunkelheit und bei geringer Luftzufuhr eingepfercht wurden.

verlassen. Und wer herauskommt, landet oft in der ›Strafkompanie‹ in Birkenau. Das bedeutet mit zwei Drittel Gewißheit den Tod. Und das alles wegen einem Stückchen Brot oder wegen sonst etwas. Die Politische Abteilung hat ihre Fachmänner. Die bringen es fertig, daß aus einem Stückchen Brot ein Fluchtverdacht wird. Außerdem kommt bei diesen Folterverhören immer noch etwas mehr heraus. Der Gefolterte sagt, woher er das Brot hat, oder wer es ihm gegeben hat. Derjenige wird dann auch geholt, ob Häftling oder Zivilist, und gefoltert, sagt vielleicht ein Wort und muß noch mehr sagen. So zieht das weite Kreise. Das fürchten alle. Oh, sie haben schreckliche Mittel, dich zum Sprechen zu bringen.«

Karel gab mir noch einen Rat: »Im Lager darf man nie auffallen, weder angenehm noch unangenehm. Je unbemerkter man bleibt, um so besser ist es. Aber längere Zeit kann man im Lager nur mit viel Glück aushalten.«

12 Die Ruhrkranken

Die Ruhrkrankheit war gefürchtet. Sie führte fast immer zum Tod. Im Sommer 1943 wütete sie besonders schlimm. Zunächst empfand man es als Glück, in den Krankenbau aufgenommen zu werden. Doch die erkrankten Häftlinge waren so entkräftet und mager, daß sie mit der nächsten Selektion als arbeitsunfähig nach Birkenau in die Gaskammer überstellt wurden.

Im Block durfte man nicht bleiben, man mußte zur Arbeit hinaus. Die Kranken wankten abends zum Waschraum; oft verloren sie schon während des Gehens ihren dünnflüssigen Stuhl, so kraftlos waren sie.

Einmal sah ich im Waschraum etwas, was ich nie vergessen werde. Auf dem kühlen Boden lagen beim Fenster drei Menschen. Sie bewegten sich nicht mehr, aber ihre Augen glühten. Während ich noch verwundert dorthin starrte, wurde die Tür aufgerissen, und herein kam ein Stubenältester mit brutalem Gesicht. Er hatte hervorstehende Backenknochen und schielte. Er stieß einen völlig nackten Skelett-Menschen vor sich her: »Marsch, hinein, du Hund, ich kenne dich schon, warte nur!« Er gab ihm mit seinem derben Schuh einen Tritt in das knochige, welke Gesäß. Der Getretene fiel gegen die Waschfontäne. Der Stubenälteste riß ihn am Arm hoch: »Los, stell dich dahin, du Sau! Wart', jetzt werde ich dich waschen, damit dir die Lust vergeht, wieder ins Bett zu scheißen!« Dabei stellte er den Häftling unter die kalte Dusche und drehte den Hahn weit auf.

Der Mann zitterte unter dem eisigen Wasserstrahl. Fast kein Fleisch war mehr an seinem Körper. Seine Zähne klapperten und schlugen schrecklich aufeinander. »Genug«, stöhnte er, »genug . . .«

»Wasch dich!« schrie ihn der Stubenälteste an. »Wasch dir deinen dreckigen Arsch! Und in ein Bett kommst du mir nicht mehr, dich leg ich auf den Boden, daß du's weißt.«

Ein Häftling konnte sich nicht zurückhalten: »Weißt du, daß das ein Schwerkranker ist, den du mit dem kalten Wasser tötest?«

Der Stubenälteste fuhr herum, stierte ihn boshaft an und brüllte los: »Bin ich hier Stubenältester oder du? Ich weiß, was ich zu tun habe, ich weiß, was ein Kranker ist! Glaub nur nicht, daß du hier frech werden kannst, sonst schmeiß' ich dich raus! Und wenn's dir nicht paßt, kannst du gleich eine in die Fresse kriegen!« Der Häftling blieb neben mir stehen und wusch sich weiter, aber er schwieg. Der Stubenälteste ließ den Nackten noch eine Weile unter der kalten Dusche stehen und drehte dann das Wasser ab. Der »Gewaschene« machte zwei wankende Schritte auf die Mauer zu und lehnte sich dagegen. Er zitterte nach wie vor sehr heftig.

Da erinnerte sich der Stubenälteste an die drei auf dem Boden am Fenster. Sofort ging er zu ihnen hin und drehte dem einen brutal den Kopf von rechts nach links, um zu sehen, ob er schon tot sei: »Ihr drei treibt mir's auch zu lange. Na, wartet nur, morgen liegt ihr nicht mehr in meinem Block, dafür werde ich sorgen.« Dann wandte er sich an den Fiebernden: »Du kommst neben den da, in so ein Bett am Fußboden, morgen oder heute noch, sowie einer von denen abkratzt. Was das bedeutet, wenn einer hier in den Waschraum kommt, das weißt du ja.« Er stellte sich dicht neben ihn hin und fauchte ihn an: »Durch den Kamin gehen bedeutet das, verrecken bedeutet das! Zum Jehova! Das hast du davon, daß du ins Bett geschissen hast!« Zu den Dreien am Boden sagte er mit unterdrückter Stimme: »Mit euch räum' ich gleich auf. Los, raus!« schrie er den anderen an und wollte ihn vor sich herstoßen, doch der Häftling war kurz davor, zusammenzubrechen. Da packte er ihn fest um den Arm, führte ihn hinaus und warf die Tür hinter sich zu, daß es nur so krachte.

Da stand ich nun im Waschraum, umgeben von Wasserhähnen, Putzeimern, Waschfontänen und Duschen. Und dort am Fenster lagen die drei Menschen, eigentlich schon drei Leichen, aber mit lebendigen Augen. Es war nicht zu erkennen, ob sie verstanden hatten, was dieser schreckliche Mensch, der Stubenälteste, zu ihnen gesagt hatte, ob sie überhaupt noch etwas fühlten und noch denken konnten. Sie lagen unbeweglich, doch es schien, als glühten ihre Augen mehr als zuvor. Ich trat zu ihnen hin, einen Schritt näher und noch einen. Ich wollte ihnen etwas sagen, aber was? Welche Tröstung konnte ich ihnen geben, welche Hoffnung in ihnen erwecken, welche Linderung versprechen? In drei Augenpaare schaute ich, von denen keine Empfindung mehr abzulesen war, sah, wie sie glühten, und bemerkte, wie eines von ihnen soeben seinen Glanz verlor. Ich sah noch einmal hin und blickte in zwei gebrochene Augen. Da ging ich hinaus, unfähig zu jeglichen Worten des Trostes.

13 Die Typhusepidemie – zum zweiten Mal im Krankenbau

Im Sommer 1943 vermehrten sich auch die Läuse im Lager unheimlich. Durch sie verbreitete sich die Fleckfieber-Epidemie. Ich erinnere mich, daß in Block 7 so viele an Flecktyphus erkrankt waren, daß er zum Quarantäne-Block erklärt und umzäunt wurde. Kein Häftling von einem anderen Block durfte hineingehen, und kein Insasse durfte ihn verlassen. Das dauerte einige Tage. Die SS-Führung fürchtete, daß die Epidemie auch auf die Wachmannschaft übergreifen könnte. Deshalb wurde schließlich die gesamte Belegschaft des Blocks nach Birkenau in die Gaskammer abtransportiert; von den 180 Häftlingen blieben nur der Block- und der Stubenälteste am Leben. Auf Befehl der SS wurden in allen Blocks jeden Sonntag sogenannte Läusekontrollen durchgeführt.

Eines Abends kehrte ich mit starken Kopfschmerzen von der Arbeit zurück. Trotz der Hitze wurde ich von Schüttelfrost befallen. Ich beschloß, mich nicht als Kranker im Krankenbau zu melden und das Fieber so zu überstehen, weil die Gefahr, ins Gas geschickt zu werden, unverändert groß war. Ich hoffte, daß es kein Fleckfieber, sondern nur eine vorübergehende Schwäche sei. Aber am nächsten Tag ging es mir noch schlechter. Ich fühlte, daß ich hohes Fieber hatte. Abends, nach der Rückkehr aus Buna, legte ich mich gleich auf die Pritsche. Dort wurde ich vom Blockältesten erwischt. Diesmal, oh Wunder, machte er keinen Krach, sondern schlug mir vor, in den Krankenbau zu gehen. Aus Angst vor einer Selektion ging ich aber auf diesen Vorschlag nicht ein. Am nächsten Tag rückte ich, sehr schwach, mit dem Kommando zur Arbeit aus. An diesem Tage konnte ich schon nicht einmal mehr die Suppe essen, ich schenkte sie meinen Kameraden. Ich war so schwach, daß ich nicht alleine gehen konnte. Es war der vierte Tag mit Fieber und furchtbaren Kopfschmerzen, und so meldete ich mich am Abend doch im Krankenbau.

»38,8 Fieber, Flecken auf dem Bauch... Du mußt dableiben und liegen«, bestimmte Häftlingsarzt Dr. Cuenca.

Ein Pfleger, mein Landsmann Felix, brachte mich mit der Aufnahmekarte zum Waschraum. Dusche, frische Wäsche ... »Siehst du, dich hat es auch erwischt«, begrüßte er mich. »Wir werden uns gleich mit dir beschäftigen ... Leg dich dorthin, ans Fenster ... Das ist ein guter Platz.«

Seine Stimme erreichte mich wie aus weiter Ferne. Langsam schlief ich ein. Mit Leo, einem Kameraden aus meinem Transport, lag ich im Fleckfieber-Zimmer.

Es war Nacht. Ich wurde wach. Heiß und stickig war die Luft; der Durst quälte mich schrecklich. Leo neben mir phantasierte. In den kurzen Augenblicken, in denen er zu sich kam, murmelte er mit schwacher Stimme: »Durst, Durst.« – Auf dem anderen Nachbarbett röchelte ein Häftling, gegen Morgen verstummte er. Schon am nächsten Vormittag legte man auf seinen Platz einen neuen Kranken. Der Tag war für mich nicht so schrecklich wie die Nacht, weil mich tagsüber immer wieder jemand ansprach. Ich fühlte jedoch, daß ich schwächer wurde. »Das Herz macht nicht mehr mit!« sagte Dr. Cuenca, der mir eine Spritze gab. »Aber wir werden es schon wieder wachkriegen!« scherzte er dabei. Wie gut war es, Bekannte zu haben, besonders hier im Krankenbau! Nicht jeder konnte Spritzen bekommen. Die Mehrheit der Kranken mußte auf den Selbstschutz des Körpers vertrauen. Leo schaute mit geistesabwesenden Augen umher und verstand nicht, wenn ich ihn ansprach. Auch mein Zustand wurde von Stunde zu Stunde schlechter. Ich war schließlich so schwach, daß ich nicht imstande war, mich auf die andere Seite umzudrehen oder die Decke höher zu ziehen, wenn ich vor Schüttelfrost zitterte. Ich phantasierte und hatte sogar angenehme Träume dabei. Trotz allem hatte ich das Bewußtsein nicht vollständig verloren. Ich hörte sogar, wie jemand neben meinem Bett sagte: »Für die Krisis ist es gar nicht so schlecht ... Nur 39,4 ... Vielleicht wird das Herz durchhalten ...!« Es war stark genug, und in der Nacht spürte ich, daß das Fieber nachließ.

In dieser Nacht dachte ich über unsere Lage in Buna nach: Längst war auch mir klar, daß das Auschwitz-Lager, wohin man uns von Theresienstadt abtransportiert hatte, ein Ort war, der einzig und allein zur Vernichtung von Menschen bestimmt war. Auf dem Bunagelände hatte mich die gewaltige Größe der Buna-

Werke, die im Aufbau waren, beeindruckt. Es war ein Meisterwerk des Gigantismus mit streng geometrisch angeordneten Fabriken. Die IG-Farben-Ingenieure waren sicher große Fachleute, sie mußten doch bemerken, daß täglich viele Häftlinge auf den Baustellen getötet wurden: Wie war es möglich, daß sie nichts gegen das Morden unternahmen? Vielleicht wußten manche auch, daß in Birkenau Menschen vergast wurden: Wie konnten sie dabei noch ruhig schlafen? Waren die führenden Kräfte der IG-Farben etwa dieselben Menschen wie die SS-Männer? In Theresienstadt hatten wir uns auch bei Tagesrationen von etwa achthundert Kalorien abschuften müssen. Aber Theresienstadt war ein Ghetto gewesen, wenn man dort starb, dann an Hunger, an der Ruhr oder an Typhus. Es hatte dort keine Gaskammern gegeben, keinen organisierten Tod wie in Auschwitz.

Hier mußte man ständig gegen sich selbst ankämpfen, gegen die Verzweiflung, die einen immer wieder überkam. Manchmal dachte ich: »Nun bist du am Ende.« Man hörte das Brüllen und die Beschimpfungen im Halbschlaf. »Meinetwegen, ich kann nicht mehr, ich bleibe liegen. Sie machen ja doch, was sie wollen. Was nützt es, sich mit so viel Energie am Leben zu erhalten, wenn . . .«

In geschlossenen Reihen zogen wir im Gleichschritt durch das Tor mit der Parole: »Arbeit macht frei.« Wir stimmten in die Lieder der Lagerkapelle mit ein. Absoluter Gehorsam war alles im Lager. Jede Geste des Häftlings mußte von Ehrerbietung gegenüber den Vorgesetzten geprägt sein. Man trat respektvoll beiseite, oder man drückte sich an die Wand, wenn Angehörige der »Herrenrasse« durch die Baracke gingen. Nur kein trotziger Blick! Begegnete man im Lager einem SS-Mann, erstarrte jeder sogleich, riß sich die Mütze vom Kopf und nahm Haltung an – tunlichst innerhalb einer Sekunde.

In all den Monaten meines Daseins als »Untermensch«, das mir immer schlimmer und immer auswegloser erschien, geschah nichts, was auch nur zu einem Fünkchen Hoffnung berechtigte. Ein Tag folgte auf den vorigen, und man ergab sich schließlich in alles. In dieser Verzweiflung verschwamm allmählich die Erinnerung an das Leben, das man früher geführt hat, es blieben nur unscharfe Bilder. Man verlor jedes Zeitgefühl, wußte nicht mehr, welcher Tag, welcher Monat war. Nur winterliche Kälte oder sommerliche

Hitze erinnerten daran, daß die Zeit verging. Jeder beurteilte seinen körperlichen Zustand und kalkulierte seine Überlebenschancen. Jeder versuchte, seine Krankheiten und die völlige körperliche Erschöpfung möglichst lange zu verbergen, um einer Vorführung beim SS-Arzt und einer Selektion zu entgehen.

Dieses Mal war es mir wieder geglückt. Ich hatte den Höhepunkt meiner Fleckfieber-Erkrankung überstanden. Abends besuchte mich Felix und brachte mir Suppe, es war angenehm festzustellen, daß die Kameraden mich nicht vergessen hatten. Nachdem das Fieber gesunken war, hatte ich einen ausgezeichneten Appetit. Mit jeder Stunde fühlte ich mich besser und kräftiger. Am nächsten Tag ging ich bereits in der Stube herum, und abends beobachtete ich am Fenster die Häftlinge nach dem Appell. Vor dem Fenster sah ich meinen Kameraden Hans, der mir ein Zeichen gab, daß er mir etwas zu Essen gebracht habe. Es war ein Stück Brot. Ich beschloß, diesen Leckerbissen nachts zu essen, um ihn mit niemandem teilen zu müssen. Nach einigen Tagen ging es mir schon gut, und Felix schlug vor, mit ihm zusammen vor den Block des Krankenbaus zu gehen, anstatt in der Stube zu sitzen. Vor dem Block auf dem Rasen saßen einige Bekannte, die sich miteinander unterhielten. Wir setzten uns zu ihnen. Wir machten uns wie immer Gedanken um unsere Zukunft. Nur Otto, auch ein Kamerad aus meinem Transport, sagte nichts, er saß schweigsam und düster da. »Was ist mit dir, Otto? Bist du krank oder was?« fragte einer ihn schließlich. Otto seufzte tief und erzählte endlich, was ihm seit längerer Zeit auf der Seele lag und was er immer wieder zurückgedrängt hatte: »Für morgen ist eine große Entlassung angekündigt! Sämtliche Kranken ohne Ausnahme sollen nach Birkenau gebracht werden, und es ist bekannt, was das bedeutet ... Schon heute darf kein Kranker mehr ins Lager entlassen werden!« sagte er und schaute bedeutsam in meine Richtung. Ein dumpfes Schweigen folgte. Otto bemerkte, welch furchtbaren Eindruck diese Hiobsbotschaft auf uns machte, und versuchte uns zu trösten; man sah aber, daß er es ohne Überzeugung tat. »Vielleicht gelingt es noch, etwas zu tun ... wenigstens für ein paar ...«

Völlig zerschlagen von der schrecklichen Aussicht auf die morgige Selektion schlich ich in die Baracke. Ich war so froh gewesen, daß es mir gelungen war, dieses teuflische Fleckfieber zu überleben. »Vielleicht ist es nicht wahr«, hoffte ich noch. Ich suchte den Arzt, der mich während meiner Krankheit behandelt hatte. »Doktor Cuenca«, fragte ich ihn frei heraus, »weißt du etwas über eine Selektion morgen?«

»Eh, etwas wird wohl sein ... Wie immer!« winkte er ab. »Täglich werden doch die Schwerkranken nach Birkenau gebracht ... Dich betrifft es nicht mehr! Du hast doch die Krisis hinter dir ... Du kannst ruhig schlafen!«

Mir schien, als würde er ohne große Überzeugung sprechen. Sicher wollte er mir die Wahrheit verheimlichen, um mich nicht unglücklich zu machen, dachte ich. Wenn es wirklich so sein sollte, würde sowieso nichts mehr helfen. Die ganze Nacht konnte ich kein Auge schließen.

Am Morgen wurde eine strenge Krankenbausperre angeordnet; sie bestätigte unsere schlimmsten Befürchtungen. Ohne Zweifel sollte nun durchgeführt werden, was ich diese ganze durchwachte Nacht mit Angst erwartet hatte – die Selektion. Wir Kranken mußten aufstehen und uns nackt vor unsere Betten stellen. Es kamen der SS-Arzt Fischer und der SDG SS-Neubert in Begleitung des Lagerältesten des Reviers, Budiasek. Der SDG Neubert hielt eine Liste in der Hand, von der er der Reihe nach die Nummern der kranken Häftlinge vorlas.

71255 – ich wurde als dritter oder vierter aufgerufen. Fischer warf kaum einen Blick auf mich, und der Sanitätsgehilfe befahl mir, mich zusammen mit meinen Vorgängern auf die rechte Seite zu stellen. Nachdem einige Dutzend Nummern vorgelesen worden waren, wußte ich, daß die Gruppe, in der ich mich befand, die größere war. Auf der linken Seite stand eine verhältnismäßig kleine Gruppe von Häftlingen, die sich aus den sogenannten Ariern zusammensetzte. Es gab also keinen Zweifel, daß ich mich unter denen befand, die in den »Schonungsblock« nach Birkenau, also ins Gas gebracht werden sollten.

Aus dem Krankenzimmer wurden wir in die Desinfektionshalle gebracht. Dort warteten schon viele andere selektierte Häftlinge. Mein Bettnachbar Leo, ein alter und erfahrener Häftling, war darunter. Auch er wußte, was gerade vorging. Wir hielten uns also zusammen und versuchten, uns näher an die Hintertür zu schieben.

Die Lastwagen kamen. Vor der Desinfektionsstation standen der SS-Arzt, Sanitätsgehilfe Neubert, weitere SS-Männer und Budiasek, der Lagerälteste, mit einigen Pflegern zusammen. Man begann, die Häftlingsnummern aufzurufen. Leo und ich meldeten uns nicht. Wir wurden einigemale aufgerufen, da sich aber niemand meldete, las man weiter. Wir bewegten uns langsam zur Hintertür. Da sahen wir einen uns bekannten Pfleger. Er winkte uns zu: »So, ihr geht austreten«, öffnete die Hintertür und flüsterte: »Geht zu Stefan, der hilft euch sicher.« Wir schlichen uns vorsichtig zur Krankenbau-Schreibstube hinter der nächsten Ecke.

Der Schreiber Stefan Heimann – ein Mann, der von den Nazis 1933 aus politischen Gründen verhaftet worden war – sah uns und öffnete das Fenster der Schreibstube. »Los, Jungs, schnell hinein!« Er half uns, durchs Fenster zu steigen. Dann führte er uns in eine Pflegerstube und steckte uns unter die Kojen. »Vorläufig läßt sich nichts anderes mit euch machen«, sagte er und hob ratlos die Arme. »Fischer und Neubert geben die Krankenkarten der Selektierten nicht aus der Hand. Und Budiasek darf auch nicht wissen, daß ihr da seid. Vielleicht gelingt es mir später, etwas zu tun!« fügte er hinzu, da er sah, wie ich vor Aufregung zitterte. In der Absicht, uns noch irgendwie zu trösten, riet er: »Wenn man euch sucht, meldet euch auf keinen Fall, bleibt unter den Betten! Vielleicht können wir euch irgendwie durchschmuggeln!«

Wir hörten, wie mehrere Lastwagen mit Häftlingen abfuhren, und wir hörten ihr Motorengeräusch, als sie aus Birkenau zurückkehrten, um weitere Häftlinge in die Gaskammern zu holen. Eine Stunde in dem engen Raum war eine Ewigkeit; wir vermieden es, uns zu bewegen, und spürten, wie stark unsere Herzen schlugen. Wir hörten noch mehrmals Motorengeräusch, dann war Stille. Nach mehreren Stunden öffneten sich die Türen. In diesem Augenblick wagten wir vor Angst kaum zu atmen. Als wir die Stimme von Stefan hörten, waren wir beide vom Glück überwältigt. »Jungs, ihr seid ins Lager entlassen, lauft in Block 19, alles ist schon geregelt. Ihr habt Glück gehabt, daß Neubert die Krankenkarten bei mir abgelegt hat.« Stefan hatte uns das Leben gerettet. Wir bedankten uns überschwenglich, aber er antwortete: »Es tut mir leid, daß ich nur euch zwei retten konnte, leider war es mir nicht möglich, noch Hunderte der anderen irgendwo zu verstecken.« Leo und ich waren im Lager noch niemals so glücklich gewesen wie in diesem Augenblick. Mit dem Gefühl einer nicht aussprechbaren Erleichterung gingen wir ins Lager. Trunken vor Glück, dem Tod entronnen zu sein, vergaßen wir die anderen, die in die Gaskammern in Birkenau gebracht worden waren.

An diesem Abend kamen zwei Kameraden in meinen Block, fragten, wie es mir gehe, und brachten mir Suppe. Sie sprachen vom Elektrikerkommando und davon, daß ich dort arbeiten solle. Ich antwortete: »Prima! Aber ich glaube, in diesem Fall muß man zuerst mit jemandem aus der Schreibstube sprechen. Ich habe dort einen Bekannten, er ist Schreibmaschinenmechaniker. Wie heißt er noch?«

Da sahen sie mich beide erstaunt an: »Ja, weißt du denn nicht, wer wir sind? Kennst du uns denn nicht?«

Was sollte ich sagen? Natürlich kannte ich sie. Ich hatte diese Gesichter irgendwo gesehen, oft sogar, aber wo? Vergeblich zerbrach ich mir den Kopf. Mein Gedächtnis ließ mich im Stich. Aber wenn ich ihnen das sagte, würden sie sich vielleicht beleidigt fühlen, und sie waren doch so freundlich zu mir. Also antwortete ich: »Ich kenne euch schon.«

»Aber ich bin doch der Ferda«, sagte der eine. »Und ich der Willi«, der andere.

Diese Namen bedeuteten mir nichts. Ich suchte eine Ausflucht: »Vielleicht könnt ihr für mich mit dem Kameraden aus der Schreibstube sprechen.«

»Ich bin in der Schreibstube, ich bin doch der Ferda.«

Mir schwirrte der Kopf: »Ach, bist du auf der Schreibstube?«

»Ja, ich werd' schon dafür sorgen, daß du zu den Elektrikern kommst.«

»Ja, kennst du mich denn auch nimmer?« fragte der andere.

»Laß ihn«, sagte Ferda, »er muß sich erst besinnen, er ist jetzt müde nach der Krankheit.«

Ich hatte sie nicht erkannt; sie waren vor meiner Krankheit meine besten Kameraden gewesen, ich hatte lange mit ihnen im gleichen Kommando gearbeitet. Das Gehirn hatte nicht alles registriert; wahrscheinlich wurde es wegen der Unterernährung nicht mehr ausreichend durchblutet. Ich war ein hinfälliger »Muselmann«* mit flügelartig herausstehenden Schulterblättern, spitzem Gesicht, vorgebeugter Haltung, schlaff herabhängenden Armen und schlurfendem Schritt. Aber ich wußte es nicht, ich dachte, ich liefe stramm und aufrecht und sei schon sehr gesund. Erst viel später sagten mir die anderen, wie ich damals wirklich ausgesehen hatte.

* Im Lagerjargon wurden die Häftlinge als »Muselmänner« bezeichnet, die durch den Hunger und die Entbehrungen bereits völlig abgemagert und apathisch geworden waren.

14
Lageralltag

Eines Morgens, zu Beginn des Herbstes 1943, verabschiedete uns der gefürchtete Blockälteste Raschke auf dem Appellplatz mit den Worten: »Macht, daß ihr an die Arbeit kommt, ihr Hurengesindel, ihr verkommenes Lumpenpack, ihr Judenstinker! Hoffentlich verrecken heute wieder einige von euch, dann spare ich mir die Arbeit, dann brauch' ich euch nicht totzuschlagen!« Seine ständigen Worte waren: »Neunundneunzig Juden habe ich schon totgeschlagen, und den hundertsten bringe ich auch noch um.« Das war leider nicht nur eine Redensart, sondern Wirklichkeit.

Ich hörte, wie er zum Kapo Roksa sagte: »Du, tu mir den Gefallen, mach ein paar Juden fertig, dann bleiben mir abends ein paar Brotportionen übrig. Bei dir draußen geht das ja leicht.«

Der Kapo lachte, versprach ihm, sein Möglichstes zu tun. Wir wurden vom Blockführer abgezählt. Die Lagerkapelle erklang. Es war kalt an diesem Morgen. Wir wurden wie eine Herde Vieh zur Arbeit und zum Tode getrieben. Die SS schritt neben uns her, Gewehr im Arm. Wir waren ein Elendshaufen, abgezehrte Männer, die mit sturen Gesichtern geradeaus starrten, sich auf müden Beinen im Gleichschritt hinschleppten, die Eßschale fest an den Körper gepreßt, Männer, die mit Grauen dachten: »Wieder liegt ein Tag vor uns, von dem wir nicht wissen, wie er endet.«

Plötzlich fuhr ein Personenauto mit großer Geschwindigkeit an unserem Kommando vorbei. Die Räder knirschten, das Auto drehte sich zur Seite und stand. Die SS-Posten schrien: »Halt! Alles stehenbleiben!«

Um das Auto herum versammelten sich einige SS-Männer. Jemand lag auf der Straße. Aus dem Wagen stiegen zwei elegant gekleidete Männer mit weißen Kragen und bunten Krawatten. Beide hatten auf dem Rockaufschlag ein Abzeichen mit Hakenkreuz. Sie sahen auf den Mann am Boden. Einer sagte: »Er hat sich vor den Wagen geworfen. Ist er tot?« Diese Frage war an die SS-Männer gerichtet.

Sie standen stramm, und einer erstattete Bericht: »Nein, Herr Oberingenieur, nur verwundet.«

»So ein Schwein«, sagte der Oberingenieur, »sich so vor den Wagen zu werfen, daß es aussieht, als hätte ich ihn totgefahren. Der Hund glaubt wohl, ich kann nicht steuern, was?«

Der Verwundete hob den Kopf. Er blickte benommen um sich. Offenbar konnte er noch nicht recht begreifen, wo er war. Er hatte sich töten lassen wollen, hatte sich vor die Räder des Autos geworfen, und nun lebte er noch. Der Begleiter des Oberingenieurs sagte: »Es kann ihm nicht viel passiert sein, der Kotflügel hat ihn zur Seite geschleudert.«

»Los, schafft ihn fort!« befahl der Oberingenieur. »Wegen so einem Schwein stehen jetzt Hunderte von Häftlingen hier und gaffen, statt zu arbeiten.« Dann schwangen sich beide wieder in den Wagen. Der Selbstmörder stand auf, er taumelte. Der Oberingenieur startete den Motor, beugte sich aus dem Auto und rief den SS-Leuten zu: »Besorgt's ihm tüchtig, dem Feigling, er hat's verdient!« Dann fuhr der Wagen fort, im gleichen Tempo, wie er gekommen war.

Die SS-Männer stürzten sich auf den Unglücklichen und bearbeiteten ihn mit Faustschlägen und Fußtritten: »Was, du Hund, mußt du uns auffallen lassen, ausgerechnet vor dem Oberingenieur der IG-Farben, schon am frühen Morgen!« – »Du Mistvieh, du trauriges, hättest du nicht warten können, bis du bei der Arbeit bist, mußt du unbedingt was Besonderes haben und dich vor ein Auto der IG-Farben-Führung werfen? Zum Durch-die-Postenkette-gehen bist du dir wohl zu schade, was?« – »Hätte sich das Aas doch lieber heute nacht auf die Drähte geworfen, statt uns hier Ungelegenheiten zu machen! Na warte, du widerliche Fratze, ich tret' dir das Gesicht zu Brei!« So schrien und tobten die SS-Männer. Von dem Verunglückten war nichts zu sehen, er wurde von den Fäusten und Füßen der SS-Männer am Boden gehalten.

Dann befahl der Kommandoführer: »Jetzt ist's genug, aufhören! Weitermarschieren!« Die SS-Posten gingen an ihre Plätze und ließen den leblos wirkenden Mann liegen. Der Kommandoführer befahl vier Häftlingen, ihn auf die Schultern zu nehmen. Arme und Beine baumelten schlaff herunter, auch der Kopf hing herab wie bei einem Toten und blutete.

Als wir an der Baustelle angekommen waren, hörte ich flüsternd fragen: »Ist er schon tot?«

»Nein, aber sie machen ihn ja doch fertig«, kam ebenso leise die Antwort. Dann ließ der Kommandoführer, ein SS-Oberscharführer von mittlerer Gestalt und mit Schnurrbart, zuerst alle Maurer heraustreten, dann alle Zimmerleute, dann alle Schlosser. Da trat ich mit vor.

Zuletzt fragte er: »Wer kann Klavier spielen, und wer hat eine schöne Handschrift?« Viele traten vor. Er fragte sie der Reihe nach: »Was warst du?« – »Buchhalter.« »Und du?« – »Angestellter.« »Und du mit der Brille, he?« – »Lehrer.« »Und du?« – »Opernsänger.« »So, na, dann möchte ich dich mal singen hören, wenn du ›Fünfundzwanzig‹ kriegst.« »Und du?« – »Chemiker.« »Und du?« – »Psychiater.« »Was? – Was ist das denn?« – »Ein spezielles Fach der Medizin...« – »Sag doch gleich Doktor, du Sau!« Dann ließ er sich ihre Hände zeigen. Als er sie gesehen hatte, sagte er: »Gut, dann los, an die Schubkarren dort drüben! Los, sag' ich!« Er begann zu schreien, auf sie einzuschlagen, und wer nicht schnell genug rannte, wurde mit Fußtritten bearbeitet. Dann rief er den Kapo: »Du nimmst jetzt einen tüchtigen Prügel in die Hand und überwachst die Schubkarren, verstanden! Und daß mir die Karren gut voll geladen werden! Du sorgst mir dafür, daß die Saujuden laufen, daß sie Dreck schwitzen, verstanden? Und wer faul ist, den haust du mit der Latte über den Schädel, bis die Latte zerbricht oder der Schädel, verstanden? Los, laß die Drecksäcke schwitzen, die sollen wissen, wie man arbeitet.«

Der Kapo stand stramm und antwortete: »Jawohl, Herr Oberscharführer.«

Bald wimmelte das Arbeitsgelände von hastenden Menschen. In kleiner Entfernung standen SS-Posten mit schußbereitem Gewehr. Wir liefen ständig Gefahr, die Postenkette zu überschreiten, da die Posten so standen, daß man sie nicht immer alle sehen konnte. Man mußte die Augen gut offenhalten und auf der Hut sein, wollte man nicht ohne Anruf erschossen werden.

Bei der Arbeitszuteilung hatte ich Glück gehabt. In einer kleinen Gruppe transportierten wir Ziegel. Unweit von uns gruben etwa fünfzig Männer den Boden um. Dabei gab es Prügel, es wurde getreten, geschlagen, angetrieben. An uns vorbei hetzten die Armen, die sich als Klavierspieler mit schöner Handschrift gemeldet hatten, mit ihren Schubkarren. Die Karren waren so voll geladen, daß sie sie kaum halten und schieben konnten. Die meisten waren bereits sehr entkräftet. Oft brach einer von ihnen zusammen. Gleich war dann immer der SS-Oberscharführer da. Mit einem dicken Prügel schlug er auf die Unglückseligen ein.

Als ich mich nach einer neuen Ladung Ziegel bückte, hörte ich Lärm. Ich sah unweit von mir meinen Landsmann Havlicek stehen und vor ihm den schreienden, tobenden SS-Oberscharführer, der ihn immer wieder mit der Faust ins Gesicht schlug. Havlicek war ein starker Mann von etwa fünfunddreißig Jahren. »Meldung!« schrie der SS-Mann, »Meldung! Geraucht wird hier bei der Arbeit also? Wo ist der Kapo?« Der rannte fort, als käme Feuer hinter ihm her. Inzwischen setzte der Oberscharführer seine »Unterhaltung« mit Havlicek fort: »Warum hast du geraucht?« Ein Schlag ins Gesicht, daß der Kopf zur Seite flog. Havlicek zuckte die Achseln. »Warum du geraucht hast bei der Arbeit, will ich wissen?« Wieder ein Schlag ins Gesicht, diesmal von der anderen Seite. »Willst du bald reden, du Hund?« Jetzt hatte der Oberscharführer einen Blick auf die Häftlingsnummer und den Winkel geworfen und gemerkt, daß der Havlicek ein »Arier« war. »Wollen Sie wohl reden? Warum haben Sie geraucht?« Der SS-Mann duzte die »Arier« nicht. Havlicek stammelte etwas, so leise, daß ich es nicht verstehen konnte. Ich hörte nur den Oberscharführer wieder schreien: »Was, weil Sie acht Monate nichts zu rauchen hatten? Ist das ein Grund? Warum sind Sie denn im Lager?« Ich hörte nicht, was Havlicek antwortete. »Also bei Verdunklung haben Sie Gänse und Enten geklaut, Sie Lump, he?« Abermals ein Faustschlag. Havlicek taumelte zurück. »Und jetzt wollen Sie bei der Arbeit rauchen? Wissen Sie nicht, daß es verboten ist? Was?« Wieder ein Schlag. »Ob Sie nicht wissen, daß es verboten ist?« Die Stimme des SS-Mannes überschlug sich. »Woher hatten Sie die Zigarette?« Was Havlicek antwortete, konnte ich wieder nicht verstehen. »Woher, will ich wissen, woher?« schrie der Oberscharführer und trat ihm mit den Stiefeln gegen die Schienbeine. »Wer hat Ihnen die Zigarette gegeben?« Havlicek schwieg. »Ich werde Ihnen noch das Maul aufmachen, warten Sie nur!« Diesmal erhielt Havlicek einen Kinnhaken, daß er hintenüberfiel.

Als er sich gerade mühsam wieder aufrichtete, tauchte der Kapo wieder auf. Er schrie schon von weitem: »Herr Kommandoführer! Herr Kommandoführer! Ich bin schon da!« Dann stieß der Kapo den Havlicek in die Werkzeugbude, und der Oberscharführer ging hinterher. »Der arme Havlicek«, dachte ich, als ich das sah.

Als wir zur Suppenausgabe antraten, sah ich den Havlicek wieder, er hatte ein ganz verschwollenes Gesicht, das blau und rot glänzte. Er konnte kaum aus den Augen sehen, so zugeschwollen waren sie. Er stand neben mir. Es machte ihm Mühe, den Mund zu öffnen. Aber er lebte, sie hatten ihn nicht erschlagen, weil er »Arier« war. Hinter der Bude sah ich schon in der Mittagspause fünf Mithäftlinge liegen, langsam dahinsterbend. Sie wurden auf die Essenswagen geladen und ins Lager zurücktransportiert. Mit dabei war auch der Häftling, der sich unter den Wagen des Oberingenieurs der IG-Farben hatte werfen wollen.

Noch während der Mittagspause suchte sich der Oberscharführer, immer mit einem grinsenden Ausdruck in seinem Gesicht, vor der Bude drei polnische Juden aus. Er sagte höhnisch und deutete dabei mit dem Finger auf jeden einzelnen: »Du ... du mußt heute verrecken. Und du ... dich mache ich morgen fertig. Du Sau da ... du verreckst am dritten Tag. Ihr wißt, wer ich bin, ich halte mein Wort.«

Es waren schon sehr geschwächte Männer, von Hunger und schwerer Arbeit aufgezehrt. Sie warfen sich vor ihm auf die Knie: »Herr Kommandoführer, lassen sie uns leben!«

»Nix da, verrecken müßt ihr, hab' ich gesagt.« Und er trat einem mit dem Fuß in die Brust, daß er hintenüberfiel. »Gelt, euer Jehova, der läßt euch im Stich? Heute bin ich euer Jehova, und ich sage: Heute noch verreckst du ... und morgen du ... und übermorgen du ...« Dann schrie er den Kapo Roksa an: »Treib die Schweine an die Arbeit! Los! Du weißt Bescheid, du wirst die drei da fertigmachen!« Er jagte die drei mit Fußtritten davon.

Der Oberscharführer hielt sein Wort, die drei von ihm Ausgewählten wurden von Kapo Roksa noch am gleichen Tag totgeschlagen.

Der »Herr« Oberscharführer-Kommandoführer ging mit blanken Stiefeln stolz und aufrecht vorüber. Sie fühlten sich mächtiger als Könige, diese Männer mit dem auf Mütze und Mantelkragen aufgenähten Totenkopf. Böse Halbgötter waren sie, rachsüchtige, tobsüchtige Dämonen. Hier war die Hölle, wir die Verdammten, und die Totenkopf-Gekennzeichneten mit ihren hochglänzenden Stiefeln und ihren verderbenbringenden Worten und Taten waren die Teufel. Nur ein Gutes hatte diese Hölle: Sie konnte nicht ewig währen, sie mußte einmal enden.

»Bald ist Abend«, dachte ich. Es war klares Wetter, ich sah in der Ferne ganz deutlich die Kette der Beskiden, das Gebirge zwischen Polen und der Tschechoslowakei, und dachte, daß dahinter meine Heimat, die Tschechoslowakei liege. Ich hatte in Buna gelernt, mit offenen Augen zu träumen. Ich schleppte die Ziegel, aber ich sah die SS-Männer und die Kapos nicht mehr. Ich sah meine Eltern, wie sie mit meinem jüngeren Bruder im herbstlichen Wald spazierengingen; ein kleiner Hund sprang um sie her, und mein Bruder lachte.

Plötzlich erklang der Befehl: »Antreten!« Ich blickte um mich. Es gab keine friedliche Landschaft, nicht einmal wirkliche Menschen, nur Verzweifelte, Verhärmte, Zerbrochene, Unglückliche. Ich rannte mit den Kameraden zu unserer Bude. Heute konnte der Blockälteste Raschke sehr zufrieden sein, ihm würden genügend Brotportionen übrigbleiben. Der Oberscharführer-Kommandoführer und der Kapo Roksa hatten dafür gesorgt.

15

Ein Brotdieb

Beim abendlichen Brotritual spiegelte sich alles Leid, alle Verzweiflung des Lagerlebens wider. Zum Abendessen wurden kleine Brotportionen verteilt. Jeder zitterte um dieses Stückchen Brot wie um Gold. Es war eine Tragödie, wenn einem Häftling die Ration gestohlen oder er mit dem Entzug der Brotration bestraft wurde. Eifersüchtig kontrollierten wir, ob die Stücke gleich groß waren. Ein paar Millimeter, die man mehr zu haben glaubte, ein paar Gramm, die man zu verlieren fürchtete – hier schien die Grenze zwischen Leben und Tod zu verlaufen. Die durch den Hunger verursachte Brot-Psychose hielt zahlreiche Häftlinge die ganze Nacht über wach. Wir wälzten uns auf unseren Pritschen und dachten an das Stück Brot, das uns entgangen war – an das Stück, das uns zugefallen war. Nur noch eine Frage war wichtig: Soll ich das Brot gleich essen oder bis morgen früh aufheben?

Für ein Stück Brot zahlte man an der »Börse« vor dem Abort mit einem goldenen Zahn oder einer goldenen Brücke. Das Brot wiederum stand noch niedrig im Kurs im Vergleich zum Tabak. Dessen Preis schwankte je nach den Beständen bei den Häftlingen. Es war davon abhängig, ob Pakete, die nur Nichtjuden gestattet waren, ins Lager kamen oder nicht. In »fetten« Zeiten bekam man für eine Tagesration Brot zehn Zigaretten, in »mageren« fünf. Nur wer Hunger kennt, versteht, was für enorme Preise das waren. Ich habe viele, viele Menschen an diesem Handel zugrunde gehen sehen. Zu meinem Glück habe ich im Lager noch nicht geraucht. Für Zigaretten hungerten manche, bis sie elend starben.

Kein Wunder also, wenn flinke Finger ein Stück Brot ergriffen und verschwinden ließen. Einige hatten darin große Übung, weil das Stehlen ihr einstiges »Gewerbe« war. Die ersten Brotdiebstähle habe ich schon bald nach meiner Ankunft in Auschwitz erlebt. »Mein Brot ist verschwunden. Eben lag es noch an meinem Bett, und als ich wieder hinschaute, war es weg.« Der Bestohlene gebärdete sich fassungslos und empört wie eine Mutter, deren Kind entführt wurde.

Der Blockälteste stellte in einem solchen Fall eine Untersuchung an. Jeder im Umkreis Liegende mußte sein Brot zeigen. Die Kapos sahen unter den Strohsäcken nach, fragten, wer etwas Auffälliges gesehen habe. Einer verdächtigte dann gewöhnlich den anderen. Der Beschuldigte leugnete. Der Blockälteste überschüttete ihn mit Drohungen und Ohrfeigen, um ein Geständnis zu erzwingen, bis sich womöglich herausstellte, daß er unschuldig war.

»So also seid ihr, Brotdiebe seid ihr! Na, bei mir werden Brotdiebe nicht alt, keiner lebt länger als drei Tage. Pfui Teufel nochmal, schämt euch!« Er selbst schämte sich natürlich nicht, daß er Brot in Hülle und Fülle in seinem Spind liegen hatte. Aber er schimpfte immer wieder: »Jeder im Lager hat das gleiche Essen, den gleichen Hunger. Wer einem Kameraden das Brot stiehlt, den sollte man erschlagen!« Dann kreischte er: »Ihr Hunde, ihr Lumpen, ihr gottvergessene Teufelsbrut! Stehlen wollt ihr, stehlen, wo wir uns die größte Mühe mit euch geben, wo euch nichts abgeht und wir euch behandeln wie die rohen Eier. Ausgerottet gehört ihr, ihr Gesindel! Na, wartet nur! Und wir sorgen für euch wie Vater und Mutter!«

Wären wir Außenstehende gewesen, wir hätten wohl über seine Worte gelacht. Aber gleichzeitig mit den Worten fielen die Schläge so unbarmherzig, daß keinem von uns nach Lachen zumute war.

Diesmal suchten die Kapos eifrig, denn der Vorarbeiter war ihr Kollege. Decken und Strohsäcke wurden unter Gebrüll zur Seite gerissen, und das Stück Brot kam zum Vorschein. Der Verdächtige begann zu winseln: »Ich habe es nicht gestohlen, ich habe es nicht gestohlen!«

Der Blockälteste trat ihn in den Bauch, daß er hinfiel; seine Stimme überschlug sich: »Hurensohn, verkommenes Subjekt, schamlose Wanze, Ausgeburt! Hast du das Brot gestohlen? Ja oder nein?« Dabei trat er ihn weiter.

Der Verdächtige am Boden röchelte: »Ja, ich habe es gestohlen, ich habe es gestohlen.«

Da griff der Stubenälteste ein: »Mach dir deine Stiefel nicht dreckig an dem Stück Mist da.« Dann brüllte er: »Steh auf, du Hund!« Und er packte ihn beim Kragen und schüttelte ihn wie eine Katze.

Der Blockälteste schrie: »So, damit ihr seht, wie es einem

Brotdieb geht, werden wir euch das jetzt zeigen. Der gemeinste Diebstahl ist der Diebstahl unter Kameraden. Wer seinem Kameraden ein Stück Brot nimmt, nimmt ihm ein Stück von seinem Leben. Wir dulden das nicht, wir sind hier, um für Recht und Ordnung zu sorgen, wir schützen euch. Diese Schädlinge der Menschheit müssen vertilgt werden. Aber weil es das erste Mal ist, werden wir ihm nur eine Lektion geben. Beim zweiten Mal geht er durch den Kamin.«

Der Stubenälteste sagte dumpf: »Besser, ihn gleich totschlagen!«

»Kapo Roman!« brüllte der Blockälteste, »Roman, hierher, und einen Knüppel mitbringen!«

Zwei Kapos und der Stubendienst kamen herbeigerannt. Sie hatten Knüppel in den Händen.

»In den Tagesraum mit ihm!« befahl der Blockälteste. Sie schleppten den Brotdieb in den Tagesraum. Der Blockälteste drehte sich an der Tür um. »Daß alles auf den Plätzen bleibt, daß keiner sich wegrührt!« Dann knallte er die Tür hinter sich zu. Was nun folgte, waren zuerst Schreie und Schimpfworte. Dann begannen sie zu knüppeln. Die Schläge waren wuchtig, sie folgten dicht aufeinander, es klang so hart, als prasselten sie nicht auf einen menschlichen Körper, sondern auf Holz. Wir anderen im Block hielten den Atem an: »Die erschlagen ihn ja!«

Plötzlich hörten wir Stimmen aus dem Tagesraum: »Aufhören, er atmet nicht mehr! Wasser! Nur tüchtig, noch eine Kanne über den Kopf, dann wird er schon zu sich kommen.«

Eine Pause. Wir hielten noch immer den Atem an. War der Kamerad tot? Die Pause schien endlos, nur Wassergüsse waren hörbar. Wir sahen uns an und dachten wohl das gleiche: »Durfte man so mit Menschen umgehen? Durfte man einen wehrlosen Menschen eines Stückchen gestohlenen Brotes wegen erschlagen? Durften starke Männer einen hungrigen Dieb töten?«

Nach einer Weile ging die Tür auf, und der Blockälteste erschien. Auf der Türschwelle blieb er stehen und blickte uns an, als wollte er erfahren, was in uns vorging. Dann trat er ganz zu uns herein, richtete sich zu seiner vollen Größe auf und sagte verächtlich: »Der Brotdieb ist nicht mehr zu sich gekommen, er hat seine Lektion verdient. Das wartet auf jeden, der Brot klauen wird, merkt euch das!« Dann drehte er sich um und schrie in den

Tagesraum: »Los ihr zwei, nehmt ihn und schleppt ihn in die Leichenkammer, los! los!«

Aber wen brachten sie in die Leichenkammer? Der Brotdieb, den sie in den Tagesraum geschleppt hatten, war ein junger Mann von verhältnismäßig gutem Aussehen gewesen. Jetzt trugen sie eine eingesunkene Leiche mit vollkommen unkenntlichem, übergroßem Kopf. An einigen Stellen klebte Blut. Die Ohren waren feuerrot, die Lippen riesige Schwülste, die Augen fast nicht zu sehen. Der Kopf war ein Klumpen blau-roten Fleisches mit vielen schwarzen Stellen. Der Mund war zahnlos. Blutflecken bedeckten den Anzug. Die Hände waren so unförmig geschwollen wie das Gesicht.

Es gab einige, die fanden dies alles in Ordnung und sagten: »Der kann nicht nochmal stehlen.«

Solche Szenen wurden später für uns zu gewohnten Erlebnissen. Irgendwo hörte man Schreie und Prügel – und wir aßen ruhig unser Brot weiter, waren nicht einmal mehr neugierig zu wissen, um wen und um was es sich handelte. Wer sein Brot aß, hielt es über seine Mütze, damit nur ja keine Krume herunterfallen konnte. Wenn alles aufgegessen war – und das ging märchenhaft schnell –, dann klaubte jeder sorgfältig die Krümel zusammen und steckte sie genießerisch in den Mund, auch die allerwinzigsten.

Einmal Brot, viel Brot haben können, einmal sich daran sattessen dürfen! Mein Freund Hönig erinnerte sich bei jeder Gelegenheit ans Essen, Kochen und Backen. Er war ein Gutsbesitzer aus Mähren. »Du, weißt du, welches die besten Stollen sind, die ich je gegessen habe? Die von meiner Mutter. Weißt du, wie man die macht? Also: Zwei Kilo Mehl, weißes Mehl, weißt du, ganz weißes. Und zwei Kilo gutes Schwarzmehl, wie man es zum Bauernbrot nimmt. Und dazu zwei Liter Milch, besser noch zwei Liter Sahne. Ein Kilo Butter und ein Kilo Honig, aber ganz reinen, keinen Kunsthonig. Und Eier, zehn oder zwanzig Eier. Man kann auch Sirup hineintun statt Honig, oder Zucker. Dann noch ein Kilo geriebene Mandeln oder ein Kilo geriebene Nüsse. Auch Rosinen, aber die großen, die Sultaninen, ein halbes Kilo, das genügt – aber mehr ist noch besser. Und den Teig gut kneten. Das gibt eine Stolle sage ich dir, eine Stolle! Da leckst du dir die Finger ab bis zum

Ellenbogen; und wenn du eine einzige große, dicke Scheibe davon ißt, bist du schon satt. Zu Ostern haben wir immer solche Stolle gegessen, aber sonst auch. Meine Mutter hat mir zum Frühstück immer drei Eier gemacht und ein großes Stück Brot und dick Butter drauf und Marmelade dazu und einen großen Topf Bohnenkaffee mit frischer Milch und eine Menge Zucker drin, ja, wenn ich das zum Frühstück hatte, dann war ich gestärkt.« Er litt schrecklich am Hunger und erzählte leidenschaftlich gern von den herrlichsten, märchenhaftesten Gerichten, die er zu kochen verstand. »Und weißt du, wie man eine gute Himbeertorte macht? Also paß auf...« Er schwelgte in Qualitäten und vor allem in Quantitäten. Er sah riesige Mengen von Eßwaren, all das, was sein Gaumen mochte und er sich sehnlichst wünschte. »Habe ich dir schon erzählt, was für Gerichte an meiner Hochzeit serviert wurden...?«

Er war nicht der einzige. Viele sprachen ansonsten kaum, waren gegen alles feindselig eingestellt. Hörten sie aber jemand vom Kochen und Backen sprechen, dann begannen auch sie, mit glänzenden Augen zu erzählen. Und es stellte sich fast immer heraus, daß sie verschwenderische Universalköche waren, die sowohl die herrlichsten Braten, Saucen, Süßspeisen und Kuchen als auch das beste Marzipan und die feinsten Pralinen bereiten konnten. Dabei handelte es sich oft um Menschen, die alle diese guten Dinge nur dem Namen und dem Geschmack nach kannten, doch feierten sie mit diesen himmlischen Begriffen und Rezepten in Gedanken und Worten wahre Orgien. Ich erkannte wohl, daß es sich um Hungerpsychosen handelte; daß ich aber selbst auch nie genug von all diesen köstlichen, nahrhaften und überreichlichen Gerichten hören konnte, war mir gar nicht bewußt. Den Zustand der anderen erkannte ich noch klar, meinen eigenen nicht mehr.

16 Ein »freier« Sonntag

Jeden zweiten Sonntag brauchten wir nicht nach Buna zur Arbeit ausrücken. Nur einige Kommandos mußten wegen dringender Arbeiten, z. B. Waggons ausladen, ausmarschieren.

An diesem freien Sonntag hatte unser Block Pech. Der SS-Blockführer ließ den Blockältesten rufen und gab – angeblich wegen einer Unordnung im Block – die Order, daß der gesamte Block sofort eine Stunde lang exerzieren müsse. Wir marschierten also auf den Appellplatz. Etwa einhundertachtzig Männer unter dem Kommando des Blockältesten und des Kapos standen in ausgerichteten Fünferreihen auf der großen Fläche des Appellplatzes. Ein richtiges Strafexerzieren begann. Ganz exakt mußte marschiert werden, die Reihen hatten wie bei einer Parade auszusehen, und singen mußten wir auch. Wenn der Blockälteste oder der Kapo sahen, daß einer nicht sang, gaben sie ihm einen Tritt. Der Rapportführer Rakers und der Blockführer standen auf der Lagerstraße, beobachteten uns und brüllten ab und zu, wenn ihnen das Lied nicht laut genug erklang oder einer beim Schwenken nicht exakt genug war: »Ihr Hunde, ich laß euch eine Stunde länger traben, wenn's nicht gleich klappt!« Die beiden SS-Männer vom Sonntagsdienst schikanierten uns aus Langeweile. Aber auch diese Stunde ging vorüber.

Als wir zum Block zurückkamen, hieß es plötzlich: »Antreten zum Baden!« Vor dem Block traten wir abermals in geordneten Reihen an, die sich dann in Bewegung setzten. Jede Woche einmal, gewöhnlich am Sonntag, wurde in Buna gebadet. Bald standen wir alle unter den Brausen. Heute floß zufällig lauwarmes Wasser auf uns nieder. Wie wohlig wir uns alle dehnten, wie sehr wir das warme Wasser genossen.

Mir fiel auf, daß viele Kameraden an Hodenbrüchen litten. Einer erklärte mir: »Du weißt doch, die SS und die Kapos treten eben sehr gerne und mit Vorliebe ins Geschlecht. Daher die vielen Hodenbrüche. Man muß sich vorsehen. Manche sind auch an den Folgen gestorben. Siehst du den da? Siehst du die Narben am Gesäß? Der hat einmal seine ›Fünfundzwanzig‹ erhalten.«

Die Badeaufsicht, Blockälteste und Kapos, brüllten: »Rasch fertigmachen!« Sie machten sich wieder stark und schlugen, wohin der Stock reichte. Mir gelang es, ohne einen Schlag zum Block zu kommen.

Nachdem wir die Buna-Suppe gegessen hatten, mußten wir uns zur Läusekontrolle wieder vor dem Block anstellen. Das war eine der Schikanen der SS-Führung den Häftlingen gegenüber. Wenn es nicht regnete, wurde die Läusekontrolle vor dem Block durchgeführt, ohne Rücksicht auf die Jahreszeit. Die Kontrollen wurden anfangs durch die Krankenbau-Ärzte und Pfleger unter der Aufsicht des SS-Sanitäters gemacht, später erledigten dies die Kapos und Stubendienste. Wir waren bis zur Hüfte nackt und ließen auch die Hosen hinunter. Dann wurden uns die Achselhöhlen und der Unterkörper zwischen den Beinen mit »Cuprex« bestreut. Auch unsere Wäsche wurde nach Läusen durchsucht. Fand man bei einem Häftling eine Laus, so mußte er sofort zur Desinfektionsstation, er wurde mit Petroleum beschmiert und gebadet, und seine Kleidung wurde desinfiziert. Meistens wehrten sich die Häftlinge gegen die Entlausung, weil die Blockältesten und Kapos sie dabei mißhandelten. Viele Stunden nackt auf desinfizierte Wäsche zu warten, war ebenfalls unangenehm, besonders im Winter. In der desinfizierten Wäsche gab es zwar keine Läuse mehr, es blieben aber Nissen, aus denen nach einigen Tagen jede Menge neuer Läuse hervorkamen. Am meisten verlaust waren die geschwächten Häftlinge.

Heute regnete es nach der Läusekontrolle nicht mehr, und Tausende von Häftlingen schritten auf der Lagerstraße auf und ab. Alle gingen wir ein wenig gebückt. Keiner von uns hatte eine Hand in der Tasche, denn wenn jemand von der SS dabei erwischt wurde, daß er die »Herren« nicht grüßte, dann betrachteten sie dies als Provokation oder Sabotage, und die Folge waren Prügel und Tritte.

Keiner sprach ein lautes Wort. Wenn wir uns begrüßten, miteinander redeten, oder – seltener – einander zulächelten: immer war da etwas wie eine unsichtbare Zwischenwand.

Als ich in den Block zurückkam, wurde gerade ein Kamerad vom Blockältesten geschlagen und auf dumme Art ausgefragt: »Warum frißt du Kartoffelschalen?«

Ja warum? Hätte der Mann ein Stück Brot gehabt, wäre er sicher nicht auf den Gedanken gekommen, Kartoffelschalen zu »organisieren«.

Auf jede dumme Frage des Blockältesten folgte ein brutaler Schlag. Es stimmte: Dummheit und Brutalität gehören oft zusammen. »Was, du Sau frißt Kartoffelschalen? Dabei hast du heute gute Suppe bekommen! Willst du noch einmal Kartoffelschalen fressen, du Drecksau?« Und die Schläge trafen das Opfer, Ohrfeigen, Faustschläge und Tritte.

Bei dieser Vorführung im Block gab es genügend moralisch entrüstete Prominenz mit gefüllten Bäuchen, die am liebsten den sofortigen Tod des Kartoffelschalenessers verlangt hätte. »Erschlagen sollte man so ein Schwein! Er bringt alle in Gefahr mit dem Typhus.« Das war es, was man hörte; der Bockälteste erntete für die Schläge, die er austeilte, viel Beifall von den Kapos und den Stubenältesten.

Viele von uns dachten, daß der Blockälteste und die Stubenältesten weniger von unseren Portionen stehlen sollten, anstatt einen hungrigen Menschen zu schlagen. Schon lange war keiner von uns »normalen« Häftlingen mehr satt gewesen. Die Kartoffelschalen aus der Küche wanderten oft in die Taschen und unter die Hemden der Häftlinge. Sie wurden im Block auf den Heizungsrohren getrocknet oder auch roh gegessen. Ab und zu wurde einer dabei erwischt, er diente dann als abschreckendes Beispiel.

Nach dieser Prügelei warteten wir sehnsüchtig auf die Abendration und auf die Erlaubnis, uns in die Koje legen zu dürfen. Dann war noch ein bißchen Zeit, über die graue Zukunft nachzudenken. So endete dieser freie Sonntag wie viele andere.

17 Regentage – im Oktober 1943

Es regnete schon seit zwei Wochen, und das Gelände, auf dem wir arbeiteten, war wie eine Moorgrube. Unsere Drillichanzüge waren durchnäßt. In der Nähe unserer Baustelle gab es keine Überdachung. Die Eisenträger, die wir montierten, gaben keinen Schutz gegen den Regen, im Gegenteil, das Wasser sammelte sich auf ihnen. Zwischen den Schultern fühlte ich die Nässe. Zu unserem Pech wehte heute auch noch ein heftiger Wind. Unser Kapo Reiner beobachtete aus der Werkzeugbude, wie wir arbeiteten. Alle Augenblicke öffnete er das Fenster und schrie: »Ihr Drecksäcke, bewegt euch!« Sonst hörte man nur, wie die Regentropfen auf den Schlamm fielen.

Unser Kapo benutzte jede Gelegenheit, um sich mit seinem reinrassigen Blut und seinem grünen Dreieck zu brüsten. Den zerlumpten, ausgehungerten »Untertanen« in seinem Kommando begegnete er mit betont hochnäsiger Verachtung. »Ihr Prokuristen!« feixte er jeden Tag, wenn er uns mit vorgestreckten Näpfen zur Essensausgabe drängen sah. »Fressen – ja, die gute Suppe, aber arbeiten – das nicht.«

Suppe? Eine falsche Bezeichnung, nichts weiter. Es waren nur in Wasser gekochte Rüben. Vor der Küche, in den Magazinen, überall lagen Berge von Rüben. Diese grauen Rüben, die gewöhnlich als Viehfutter dienten, bekamen wir zu essen; wir sehnten uns sogar nach ihnen. Wir waren überglücklich, wenn wir eine Rübe »organisieren« und in einer Ecke essen konnten.

Unser Kapo war den zivilen Meistern der IG-Farben gegenüber äußerst gefügig und servil, und mit den SS-Leuten sprach er nur in Achtungstellung. Das Führen der Kommandoliste und der tägliche Bericht über die Arbeitsleistungen seines Kommandos brachten ihn jedoch in Verlegenheit.

Diese Schreibarbeiten erledigte der Student Alex für ihn, er war etwa 17 Jahre alt. Er diente als Schreiber, Bote und Putzer; er gab uns auch das Arbeitsgerät aus. Im Winter heizte er den kleinen Ofen in der Gerätebude. Er hatte leichtere Arbeit als wir, vielleicht würde er deshalb das Lager überleben, sagten wir uns. Obwohl er etwas privilegiert war, ging er mit uns »normalen« Häftlingen wie mit Menschen um. Alex mißbrauchte seine Stellung nie; sein Wort beim Kapo konnte uns manchmal sogar vor dem Stock bewahren.

Heute mußten wir einen Lagerplatz für neue Eisenträger vorbereiten. Wir standen mit unseren Holzschuhen auf dem glitschigen Boden, sollten die Hügel planieren und die überflüssige Erde mit Karren abtransportieren. Bei jedem Schaufelwurf sanken die Holzschuhe tiefer in den Boden.

Mein Freund Roubitschek arbeitete mit der Hacke. Sie blieb in dem Lehm stecken und grub kein Stückchen Erde aus. Roubitschek war erst seit ein paar Wochen im Lager. Er strengte sich bei der Arbeit zu sehr an, er hatte noch nicht gelernt, sich auf unsere Art so wenig wie möglich zu bewegen, um die Kräfte zu schonen. Er wußte noch nicht, daß es fast besser war, sich von der SS oder den Kapos schlagen zu lassen, denn an Schlägen starben die Häftlinge seltener als an Überanstrengung. Das merkte man erst nach einigen Wochen, und dann war es oft schon zu spät, weil die Kraft geschwunden war. Er bemühte sich, fleißig zu arbeiten.

Da der Kapo in der Bude saß und die SS nicht zu sehen war, versuchten wir, den Roubitschek in seinem Eifer zu bremsen. »Langsam, Roubitschek, du wirst dich mit deiner Schufterei umbringen!« Aber er wollte nicht hören. Weil er unlängst von einem SS-Mann mit dem Kolben geschlagen worden war, fürchtete er sich vor weiteren Schlägen.

Nach sechs Wochen in Buna passierte es dann: Roubitschek, ein Sportler und sehr guter Schwimmer, fiel einfach um und atmete nicht mehr. Er war ein hochgewachsener, blonder Junge, er wurde achtundzwanzig Jahre alt. Als er umfiel, bückte ich mich über ihn und rüttelte ihn, aber er gab kein Lebenszeichen mehr von sich.

Der Kapo kam und stieß mich weg, trat ihn in die Seite, und als das nicht nützte, sagte er: »Das faule Schwein verstellt sich. Holt Wasser!«

Man goß dem Toten zwei oder drei Eimer eiskaltes Wasser über den Kopf und über die Kleider. Aber alles nützte nichts, er erwachte nicht mehr. Schließlich ließ man ihn da im Dreck liegen, wo er hingefallen war.

Erst in der Mittagspause durften wir ihn auf den Lastwagen legen, mit dem uns die Suppe gebracht worden war.

Am Nachmittag wiederholte sich das gleiche: Tritte und Wassergüsse für die Leblosen. Wenn sie noch atmeten, wurden sie von uns auf den Schultern ins Lager getragen. Nach dem Appell mußten wir sie in den Krankenbau bringen. Das war eine ungeliebte Zusatzarbeit, denn alle fühlten sich müde und elend, und jeder war sich selber so fremd geworden, daß ihm der andere erst recht fremd und gleichgültig war.

Den Erschöpfungstod fanden wir so natürlich, wie es uns früher natürlich erschienen war, daß die Fliegen im Winter sterben. Wir fühlten uns ständig von ihm bedroht. Jeder sagte sich: »Nicht umfallen! Nicht umfallen!« Aber was half das? Plötzlich war auch der letzte Rest von Kraft verbraucht, der Körper versagte den Dienst.

18 Weihnachten 1943

Am Heiligen Abend 1943 bekamen wir dünne Kohlsuppe, aber es gab Pellkartoffeln dazu, ein Wunder! Ich hatte schon lange keine mehr gegessen. Es erschien uns wie ein Festmahl: eine ganze Handvoll Pellkartoffeln! Wir saßen auf den Betten und aßen, das heißt, wir »schlangen«.

An diesem Abend ließen uns SS, Blockälteste und Stubenälteste in Ruhe. Diese ruhigen Stunden benützte ich dazu, soweit es ging, meine eigenen Gedanken zu ordnen.

Vor fünfzehn Monaten war ich nach Auschwitz eingeliefert worden. Von unserem Transport BY aus Theresienstadt mit über 1800 Personen waren weniger als zwanzig Mann am Leben. Man hatte uns, die wir noch nicht ins Gas geschickt oder erschlagen worden waren, zerbrochen, innerlich und äußerlich. Ja, aufrecht erschossen zu werden, das war etwas. Aber so dahinvegetieren, wer vermochte das?

Die Haare geschoren, das lächerliche gestreifte Gewand übergezogen, schon hatten wir keine Persönlichkeit mehr. Täglich machte man uns klar, was für Idioten wir waren, die nicht mal Betten bauen konnten. Und hatten wir schließlich etwas gelernt, so wurde uns klargemacht, daß wir nicht richtig strammzustehen und zu marschieren verstanden.

Täglich, stündlich kleine und große Schikanen erdulden, täglich in den Schmutz getreten werden, innerlich und äußerlich. Ohne Hoffnung leben, ohne Zeit, Tag für Tag. Zerschlagen und trostlos zu Bett gehen, ohne Aussicht auf Befreiung. Immer die gleiche Rübensuppe essen, immer die gleiche Arbeit tun unter SS-Maschinenpistolen, immer den gleichen Zaun sehen, die gleichen Wachtürme. Und doch jeden Morgen die Kraft finden, aufzustehen und hineinzuschreiten in einen neuen Tag, in ein neues Grau. Sie hatten aus unserem Ich eine Nummer gemacht, ein Stück Auschwitzer Inventar. Sie zwangen uns, uns selbst aufzugeben. Warum? Warum schritten wir nicht einfach stolz und aufrecht in ihre Kugeln?

Weil wir am Leben hingen oder weil wir ihnen die Freude nicht machen wollten, uns erschießen zu lassen? Oder weil wir hofften, daß der Tag der Befreiung kommen würde, daß die Tyrannei nicht ewig währen könne? Vielleicht waren wir in unserem Innersten doch noch nicht restlos besiegt und erniedrigt. Wir dachten und fühlten zwar nicht mehr klar und wach, aber in uns glomm ein Funke weiter, das »Ich«.
Mit diesen Gedanken schlief ich an diesem Heiligen Abend ein, und sie blieben mir bis heute in tiefer Erinnerung.

19 Arbeit im Buna-Werk der IG-Farben

Eines Tages im März 1944 erwischte ich nach dem Befehl »Arbeitskommandos antreten« das Magazinkommando. Ich wurde dem Materialtransport zugeteilt. Mein Partner war ein erfahrener Häftling, er arbeitete schon längere Zeit in diesem Kommando. Er sagte: »Ich heiße Thomas«.

Wir gaben uns die Hand, natürlich ebenso heimlich, wie wir diese Unterhaltung führten.

»Auf schöne Art macht man hier Bekanntschaft, nicht wahr?« meinte er und sagte, daß er in Prag Rechtsanwalt gewesen sei.

Vormittags konnten wir relativ ruhig arbeiten, es gab keine Schläge, und wir waren unter einem Dach. »Das ist ein Paradies«, meinte ich.

Nach der Mittagspause standen wir längere Zeit vor dem Magazin im Regen, und dabei sagte Thomas: »Der blöde Kapo könnte uns wirklich schon an die Arbeit lassen, aber diesem verfluchten Kerl macht es Freude, daß wir im Regen stehen.« Dabei schaute er den Kapo ein wenig spöttisch an. Offenbar kannte er ihn, sonst hätte er wohl auch nicht so frei gesprochen. Er betrachtete den Himmel: »Ich glaube, es wird noch die ganze Woche regnen. Ein Glück, daß wir drinnen arbeiten. Zum Kotzen das alles, aber wir segnen natürlich das Buna-Kraftwerk, es hat doch immerhin ein Dach. Na, und die Arbeiten, die werden wohl länger dauern, als man glaubt. Eigentlich sollte alles schon fertig sein, aber es treten halt immer wieder neue Schwierigkeiten auf. Oft muß etwas Fertiges wieder herausgenommen und neu ausgeführt werden. Dadurch geht es nur langsam vorwärts, denn der Winter hat ja noch gar nicht richtig angefangen, und für uns wird es schwer sein, wenn wir dieses Dach verlieren. Du verstehst?« Thomas wollte damit wohl andeuten, daß die Häftlinge ihre Arbeit am Kraftwerk verzögerten, wann immer sie konnten.

Er erzählte, daß auch die SS die Fertigstellung des Baus hinausschiebe, da sie hier so viel »organisieren«, also stehlen und verschieben könne. Der eine verschiebe aus den großen Vorräten des

Magazins spezielle Geräte, der andere Kupferdraht, der dritte Lack, und so weiter. Ein Häftling müsse die »Ware« dann beiseite schaffen, der SS-Mann lasse sie im geeigneten Moment fortschleppen oder sogar vom Essenswagen ins Haus oder ins Lager fahren. Im Laufe der Mittagspause erfuhr ich von Thomas noch weitere Einzelheiten. Die Lastautos, die uns die Mittagssuppe aus dem Lager brachten, nahmen das verschobene Material mit den Leichen ins Lager. Die SS-Fahrer und die SS-Offiziere machten gemeinsam mit den IG-Farben-Ingenieuren und Meistern bei dieser Schiebung mit. So stammten zum Beispiel auch die Teile des Röntgenapparates im Krankenbau vom Bau des Buna-Kraftwerks. Ein holländischer Ingenieur namens Kaplan hatte den Apparat im Krankenbau zusammenmontiert. Die SS-Führung mußte davon wissen, und auch SS-Arzt Fischer und SS-Lagerführer Schöttl waren darüber informiert, daß alle Teile gestohlen waren. Weil einzelne Häftlinge an den Aktionen beteiligt wurden, konnten sie sich manchmal auch mehr erlauben, ohne daß ihnen etwas passierte. Aber sie mußten sehr vorsichtig sein. Ein Häftling hatte zum Beispiel einmal zuviel mit einem Zivilmeister »geplaudert« und wurde dann nach Birkenau in die Strafkompanie geschickt...

Ich fragte Thomas, was er hier arbeite. – »Ich bin Mechaniker.«

»Was bist du? Ich denke, du bist Rechtsanwalt.«

»Ja, aber ich werde doch schrauben, feilen und sägen können! Das habe ich im Lager bald herausgehabt, wie man eine leichtere Arbeit bekommen kann, also bin ich jetzt Mechaniker. Ich war schon Maler und Zimmermann, je nachdem, was man gerade brauchte, auch Ofensetzer. Das ist doch alles kein Kunststück. Man muß nur Mut haben, das heißt, die nötige Frechheit. Wenn gerufen wird: Maurer vortreten! und man hat gerade eine schlechte Arbeit oder einen Kapo-Mörder oder SS-Mörder, so ist man eben Maurer, wenn man denkt, daß das besser ist. Nur sich nicht genieren! Was kann einem schon passieren? Daß sie einen verprügeln und fortjagen? Daß man einmal vielleicht ›Fünfundzwanzig‹ kriegt? Ach was, die kann man auch so erhalten, ohne daß man etwas dazu tut. Nur frech drauflos, sonst geht man unter, und man will doch schließlich denen zum Trotz lebend herauskommen.«

Er dämpfte seine Stimme noch mehr: »Wie lange, denkst du,

wird der Krieg noch dauern? Und was hältst du von der politischen Lage? Glaubst du, daß sich das alles noch lange halten kann?«

Da kam der Kapo: »An die Arbeit!« Wir marschierten in die Halle.

Nach dem Abendappell hatte es aufgehört zu regnen, nur die Luft war noch feucht und meine Kleider ebenfalls. Während ich an einer Baracke entlangschlurfte, kam eine Gruppe im Laufschritt daher. Vorab lief ein gut genährter Mann von etwa dreißig Jahren, hochrot im Gesicht, er schob einen mit Steinen hochbeladenen Schubkarren. Hinter ihm rannten zwei Kapos, beide mit einem dicken Prügel, und schlugen auf ihn ein. Zuletzt kam, auch im Laufschritt, ein SS-Mann. »Schlagt den Hund, laufen muß er, schneller laufen! Schlagt ihm doch den Prügel über die Rübe!« schrie der SS-Mann zu den Kapos. Sie eilten an mir vorbei und verschwanden um die Blockecke.

Aus der Tür traten zwei Kapos: »Siehst du, Paul, das war der, von dem ich dir erzählt habe. Den machen sie fertig. Hast du gesehen? Der war schon ganz rot im Gesicht. Aber er ist noch gut beieinander, er hatte ja auch zu fressen, was er wollte.«

Der andere Kapo nickte: »So ein Rindvieh! Hätte er doch das Maul gehalten! Der hat doch gewußt, daß man dicht halten muß, wenn sie etwas über die SS wissen wollen. Aber einen SS-Offizier mit 'reinreißen, nein, so eine Blödheit!«

»Das kommt davon, wenn man mit der SS ein Techtelmechtel hat, das tut nie gut, das muß ja schiefgehen.«

»Der konnte ja auch nicht ahnen, daß die Gestapo ihn in die Mangel nehmen wird.«

»Worum hat es sich denn gehandelt?«

»Er war Lagerleiter im Kraftwerk, angeblich hat er viel Material an die SS verschoben, aber am schlimmsten war, daß die Gestapo in seiner Wohnung eine Menge Gold und Brillanten gefunden hat. Die wurden von ihm und dem hohen SS-Offizier fifty-fifty verkauft. Angeblich stammte das Gold von den jüdischen Transporten. Die beiden waren gute Kumpel, sie haben viel gesoffen und Geld wie Heu gehabt, dadurch sind sie aufgefallen. Da hat die Gestapo den Lagerleiter festgenommen, und der hat ausgepackt.

Die Gestapo hat ihn dann, wie du siehst, in unser Lager eingeliefert, und jetzt machen sie ihn auf Befehl der SS fertig, weil er verraten hat, von wem er das Gold und die Brillanten erhielt. Das hat mir der Lagerkapo erzählt, er ist gut informiert.«

Der Kapo nahm den zweiten beim Arm, und die beiden gingen wieder in die Baracke hinein. Während ich darüber nachdachte, was die zwei besprochen hatten, kam die Gruppe wieder dahergerannt. Der Mann mit dem Schubkarren keuchte. Auch seine drei Verfolger schnauften laut. Einige Schritte vor mir glitt ihm der Schubkarren aus der Hand und stürzte um. Der Mann blieb gebückt stehen. Stoßweise atmend keuchte er: »Ich kann nicht mehr . . .«

»Was, du kannst nicht mehr, du Drecksau, du Mistvieh?« Der SS-Mann ging mit seinen genagelten Stiefeln auf ihn los, während die beiden Kapos mit ihren Prügeln auf ihn einschlugen. Ein Prügel war schon ganz abgesplittert.

Der Kapo warf ihn weg, entdeckte eine Latte, hob sie auf und schlug damit auf den Atemlosen ein: »Willst du wohl schleppen, du Hund! Willst du wohl laufen!«

Der Geschlagene brach zusammen. Gleich war der SS-Mann mit seinem Stiefel über ihm. »Steh auf, du Sau! Auf! Los, an den Schubkarren, auf!« Und er trat ihn in die Seite, in den Bauch, in den Rücken, ins Gesicht. Der Getretene stieß Schreie aus wie ein verwundetes Tier, raffte sich auf, taumelte zum Schubkarren. »Schrei nur recht laut, du Hund«, knurrte der SS-Mann, »bald wirst du das Maul halten. Verrecken mußt du, du Kanaille! Los, weiter mit ihm und hinter den Block! Hier macht er zu viel Komödie.«

Der Gejagte lief keuchend, schwerfällig und taumelnd. Die beiden Kapos schlugen unerbittlich auf ihn ein, und der SS-Mann rannte hinter ihm her, schreiend, fluchend, tretend, schlagend. Die Gruppe verschwand, und ich sah sie nicht wieder.

Plötzlich kam Thomas vom Transportkommando zu mir und sagte: »Hast du das Theater gesehen? Das war einmal unser Zivilmeister, der Lagerleiter im Kraftwerk. Der ist fertig. So haben sie sich bedankt, keiner ist vor der SS sicher; er war ganz gut, er hat nie einen Häftling geschlagen. Na ja, er muß weg, er hätte nicht reden sollen.« Der Wind ließ uns frieren, und so gingen wir in unsere Blöcke.

Alles und jeder schien mittlerweile feindselig. Wir waren lauernde und mißtrauische Geschöpfe geworden. Ich gehörte zu ihnen. Ich fühlte ihre hämischen, oft schon unmenschlichen Gedanken und wußte, daß es auch meine Gedanken waren. Ich sah den Gejagten wieder vor mir und wunderte mich, daß die Szene mich viel weniger berührte, als sie mich früher berührt hätte. Ich hatte alles wie durch eine Trennscheibe beobachtet, wie eine Sache, die ich in einer Auslage sah, die sich meinen Augen bot und doch nicht die meine war. Ich erkannte dumpf, daß die Hälfte meines Gefühls, meines Empfindens schon tot war.

20 Die Schuhe

Das Tauwetter im Frühjahr 1944 kam plötzlich. Der Wind wehte nicht mehr so eisig. Von den Dachrinnen der Baracken begann es zu tropfen. Wo vorher Schnee und Eis gelegen hatten, entstanden nun große Lachen. Die Oberschicht der Erde wurde weich, und der Lehmboden kam zum Vorschein. Und was war aus den Straßen geworden? Zur Arbeit mußten wir durch Morast waten. Unsere Holzpantinen blieben darin stecken. Es war doch noch recht kalt. Wir froren an den nassen Füßen und marschierten ständig bis an die Knöchel in Schlamm, Wasser und Eis. Wehe dem, der versuchte, auf trockenem Boden zu gehen. Die Kolben der SS-Gewehre trieben ihn gleich wieder in den Morast. Aber wir konnten schon den Frühling riechen, und prompt wuchs in uns eine kleine Hoffnung. Wir ersehnten eine Wende zum Besseren. Unser Winter war im Vergehen, unser Frühling nahte.

An einem meiner Holzpantoffeln war die Sohle zersprungen, ich hatte sie mit Draht umwickelt. Ich sah jedoch, wie sich der Draht an meinem Pantoffel wieder löste, es war nichts zu machen. Weiter, immer weiter! Dazu noch in gleichem Schritt und in gleichem Abstand. Ich blickte wie hypnotisiert auf meinen Pantoffel und auf den sich lösenden Draht. Da war es auch schon geschehen: Ich war meinem Vordermann auf die Ferse getreten. Er drehte sich wütend um, fluchte und drohte mir mit der Faust, als wolle er mich schlagen; dabei verlor er den Gleichschritt. Ich trat ihm dadurch wieder auf die Ferse, ich konnte es nicht verhindern. Er schrie vor Zorn und murmelte irgendwelche Drohungen. Ich wußte, nun hatte ich mir einen Feind gemacht. Aber ich wußte auch, daß sich der Draht an meinem Pantoffel schon gelöst hatte. Er klemmte nur noch rechts und links an den Seiten. Noch hielt die Sohle zusammen, aber gleich, gleich . . .

Da krachte ein Schuß. Unwillkürlich schaute ich in die Richtung. Ich sah einen Häftling laufen. Ein zweiter und dritter Schuß folgten. Der Mann sprang hoch und fiel dann, die Hände erhoben, aufs Gesicht. »Alles hinlegen!« schrien die SS-Männer. Die Häftlinge unseres Kommandos lagen schon auf der Straße. Die SS-Leute bewachten uns mit schußbereiten Gewehren, die Finger am Abzugshahn. Der Kommandoführer trat zu dem Gefallenen. Dann wandte er sich an einen der Posten: »Haben Sie geschossen?« – »Jawohl.« Sie sprachen miteinander, dann hörte ich: »Liegen lassen ... Sie bleiben hier, bis ...«

Und schon ertönte der Befehl: »Alle aufstehen! Im Gleichschritt, marsch!« Unsere Füße hoben sich gewohnheitsmäßig und rhythmisch.

Meinen Pantoffel und den Draht hatte ich vorübergehend vergessen. Der Draht ging verloren, doch hielt ich den Pantoffel noch mit verkrampften Zehen. Dabei spürte ich, wie der Spalt in der Sohle immer breiter wurde. Schließlich glitt mir der Pantoffel vom Fuß. Bücken konnte ich mich nicht, aus der Reihe treten durfte ich nicht, das hätte der Posten als Flucht ansehen können. Gleichschritt! Also blieb der Pantoffel liegen.

Mein Hintermann stolperte darüber, aber er war freundlicher als mein Vordermann, er sagte so laut, daß ich es hören konnte: »Pech gehabt.«

Nun war mein rechter Fuß nur noch mit dem dünnen, durchlöcherten Fußlappen bekleidet. Ich lief auf der nassen Straße. Mir wurde klar, daß ich nun den ganzen Tag lang ohne schützenden Schuh über den morastigen Boden gehen mußte. Ich begann, mich selbst zu bemitleiden, doch dann dachte ich an den Häftling, der soeben sein Leben fortgeworfen hatte; dachte an das, was er gelitten haben mußte, und vergaß meinen kleinen Kummer völlig. Endlich waren wir auf der Baustelle.

Und ich verbrachte den ganzen Tag wie alle Tage: die Lore schieben, den Pickel heben und die Schaufel schwingen. Ich hörte das Schreien des Kapos, sah, wie er einen Häftling mit dem Stiel einer Schaufel schlug und wie nicht der Mensch, sondern der Stiel zerbrach.

Ich lief mit dem rechten Fuß barfuß durch Morast, durch Pfützen und den schmutzigen Schnee, der noch überall lag. Wenn ich die Lore schob, schmerzte meine rechte Fußsohle, denn in dem Lehm steckten scharfe Steine. Der Fuß war eiskalt, mein ganzer Körper zitterte vor Kälte. Die Kameraden bedauerten mich, sogar der Kapo schüttelte den Kopf.

Gegen Mittag hatte die Sonne bereits etwas Kraft, taute die Erdoberfläche auf und verwandelte sie in einen sanften Teppich, auf dem meine müden, wunden Füße etwas Linderung fanden.

Später wehte ein unerbittlicher Wind über die Ebene, so daß sich die Pfützen über dem Lehm wieder mit einem feinen Eisnetz bezogen. Ich sah, wie ein SS-Mann einen Häftling trat, der am Boden lag, zuletzt mit dem genagelten Schuh mitten ins Gesicht. Und ich schaufelte und schaufelte. Der Kapo schlug mir mit einem Stock über den Rücken: Es war ein fast angenehmes Gefühl, denn die getroffenen Stellen erwärmten sich. Mir schien aber auch, als ob mit den Schlägen der Hunger wuchs, ein wahnsinniger, nagender Hunger. Da schrillte ein Pfiff: Mittagessen.

Zwei Häftlinge stolperten mit einem der Kessel, so daß er vor der Bude umkippte. Der Deckel hielt nicht, die Rübensuppe lief in den Schlamm. Viele Häftlinge nahmen ihre Löffel und aßen die mit Schlamm gemischte Suppe von der Erde. Ich fand das gar nicht absonderlich. Zwar schrien der Kapo und der Vorarbeiter, sie seien Schweine, und schlugen sie mit Stöcken auf die Köpfe, aber sie aßen weiter, bis keine Suppe mehr auf der Erde war. An diesem Mittag bekamen wir nur halb soviel Suppe wie sonst.

Nachmittags führte man uns zu einem Platz, wo Tragbahren lagen, flache Kisten mit je einer Stange rechts und links, die zum Anfassen dienten. Zwei Mann bekamen je solch eine Trage. In der Mitte des Platzes gab es eine Erhöhung, die wir für einen schneebedeckten Hügel gehalten hatten. Als wir dort ankamen, sahen wir, daß es ein riesiger Haufen zerbrochener Backsteine von irgendeinem Abbruch war. Wir beluden unsere Tragbahren mit den zerbrochenen Steinen und gingen damit ans Ende des Platzes, wo wir unsere Last in den Morast warfen. Der Platz sollte gepflastert werden; diese vielen, vielen Klinkersteine sollten das Fundament bilden.

Der Steinhaufen erwies sich als schier unüberwindlich. So viele Ziegel wir auch mit unseren Tragbahren wegbrachten, er wurde nicht kleiner, er war und blieb ein Berg von Ziegelbrocken. Und der Platz, der so klein und winzig aussah, erwies sich als eine riesige Fläche, die Stein um Stein schluckte, ohne davon auch nur zu einem Bruchteil bedeckt zu werden. Es gab Löcher und viel schlammigen Boden, in dem die Steine geradezu verschwanden.

Meine rechte Fußsohle war ganz wund und mit Blut beschmiert. Ein Kamerad gab mir ein Stück Lappen für den Fuß, ich mußte mich oft bücken, denn er fiel dauernd ab. Das sah der Kapo und schlug und trat mich. Also arbeitete ich wieder barfuß, ohne Lappen.

Wir nahmen die Arbeit relativ leicht, auch der Kapo und der Vorarbeiter waren nicht besonders schlechter Laune. Da kam plötzlich der Kommandoführer, und der Kapo und der Vorarbeiter waren wie umgewandelt. Sie schrien, stießen, schlugen und traten. Der Kommandoführer und noch ein SS-Mann gingen stolzen Schrittes und finsteren Gesichts über den Platz, standen drohend bei dem Steinhaufen und überwachten die Arbeit. Öffnete einer von ihnen den Mund, so nur, um zu fluchen und zu brüllen. Sie taten auch sonst ihr Möglichstes zur Förderung der Arbeit, indem sie mit Fußtritten und Stockschlägen tatkräftig eingriffen. Sie befahlen uns, die Tragbahren so hoch es ging mit Steinen zu beladen. Viele Kameraden brachen unter der Last zusammen. Wer stolperte und nicht sofort hochkam, der wurde von der SS oder dem Kapo über den Kopf geschlagen. Das ganze Bild war plötzlich verändert. Aus einem friedlichen Arbeitsplatz war eine Fronstätte geworden. Der SS ging die Arbeit nicht schnell genug, wir mußten alles im Laufschritt machen: mit der leeren Trage zu dem Steinhaufen rennen, rasch die Ziegel aufladen, mit der übervollen Trage zurückrennen und sie am entferntesten Winkel des Platzes umkippen.

Zu meinem Glück löste sich plötzlich die Stange an meiner Trage, und ich konnte sie in der Bude austauschen. Dort fand ich auch wieder einen Lappen und wickelte ihn um meinen rechten Fuß. Ich spürte ihn schon nicht mehr. Er war wie abgestorben. Endlich kam der Feierabend.

Einige Tote und Schwerverletzte wurden ins Lager getragen. Ich war froh, daß ich mit meinem blutigen Fuß noch allein gehen konnte. Mein einziger Wunsch war, in der Bekleidungskammer einen neuen Schuh zu bekommen. Vielleicht aber, fürchtete ich, würde mir niemand glauben, daß ich einen Schuh verloren hatte. Der Kapo befahl uns zu singen. Trotz aller Anstrengung war der Gesang kläglich. Endlich standen wir auf dem Appellplatz.

»Heute dauert der Appell aber eine Ewigkeit«, dachte ich. Durch die Reihen lief ein Flüstern: »Sie haben ihn geschnappt;

gleich werden wir ein Schauspiel zu sehen bekommen.« Die Spannung stieg.

»Wen haben sie denn?« fragte ich meinen Nebenmann.

»Na den, der letzthin durchgegangen ist. Zwei Wochen ungefähr hat er sich draußen gehalten, dann haben sie ihn doch erwischt. Ich sage ja immer, es ist eine Dummheit, von hier zu flüchten.«

»Weiß man denn sicher, daß sie ihn haben?«

»Freilich, du wirst ihn schon selber sehen, wenn sie ihn aus dem Bunker herausbringen zur ›Auszahlung‹.«

»Was heißt das, Auszahlung?«

»Der kriegt natürlich seine ›Fünfundzwanzig‹, das kannst du dir doch denken. Siehst du denn nicht, daß da vorn der Bock steht? Und dann kann er noch auf das Urteil aus Berlin warten, vielleicht wird man ihn hängen.«

»Soll denn das vor uns allen geschehen?«

»Freilich. Wenn der Zählappell vorbei ist, muß alles stehenbleiben, und dann wirst du es erleben. Hast du nie gesehen, wie einer ›Fünfundzwanzig‹ kriegt?« Kurz nach dem Zählappell durchlief die Reihen eine große Unruhe. Hälse wurden gereckt, ein Flüstern ging von einem zum anderen: »Er kommt...« Trommelschläge ertönten dumpf und seltsam schaurig.

Auf dem weiten Appellplatz herrschte Grabesstille. In diese Stille hinein klang eine häßliche, schreiende Stimme: »Willst du wohl laufen und trommeln, du Vogel!«

Der neben mir flüsterte: »Ich sehe ihn, jetzt ist er vorn beim Tor, sie haben ihn gerade erst hereingebracht.«

Der Trommelschlag kam immer näher, dumpf, unheilverkündend. Jetzt war er vor unseren Reihen. Ich sah einen Mann in Häftlingskleidung, Mitte oder Ende Zwanzig. Sein Gesicht war sehr bleich und eingefallen, er sah elend aus. Ein großes Plakat schwebte über ihm, es war an eine Stange genagelt, und diese Stange hatte man mit Stricken an seinem Rücken festgebunden, die über Brust und Rücken liefen. Vorne hing eine kleine Trommel. Das Plakat schwankte, in großen Buchstaben stand darauf: »Hurra, ich bin wieder da!«

Ein SS-Mann jagte den Häftling vor sich her, trat ihn von Zeit zu Zeit und schrie: »Willst du wohl laufen, du Hund! Willst du trommeln, du Vogel!«

elektrischen Drähten und dem Sperrzaun entfernt. Umgestürzt mußte der Schornstein zwei Meter aus dem Lager reichen. Hermann Schwarz, der als Heizer beim Desinfektionskessel arbeitete, und ich, der ich in der Nähe des Schornsteins in der Desinfektion arbeitete, mußten – von den SS-Posten unbemerkt – die Muttern an den vier Seilankern und den Blechteilen des Schornsteins nacheinander abschrauben und mit Vaseline einfetten, um den Schornstein im Notfall so rasch wie möglich zum Sturz in Richtung Zaun zu bringen. Die Vaseline, Schlüssel für die Schraubmuttern und zwei isolierte Zangen, um die mit Strom geladenen Drähte durchschneiden zu können, hatten uns Kollegen aus einem Bunakommando ins Lager geschmuggelt.

Für mich begann im Lager ein neues Leben mit einem Ziel. Eines Abends brachte mir Betlen Oszkar, ein Mitglied der Spitze der Kampfgruppe, einen Revolver zur Aufbewahrung. Ich hielt ihn etwa zwei Wochen in meinem Strohsack versteckt, bis Oszkar eine sichere Stelle gefunden hatte. Unsere Kampfgruppe besaß mehrere Revolver mit Patronen. Ich weiß, daß einen davon mein Freund Hans Markus in einer gefährlichen Aktion von einer Baustelle ins Lager brachte.

Ein Mitglied der Widerstandsgruppe, Pereles, flüchtete aus dem Lager, um Verbindung zu einer polnischen Widerstandsgruppe herzustellen, damit bei einer Liquidierung des Lagers Hilfe von außen käme.

Später haben wir erfahren, daß er in den Beskiden umgekommen ist.

Ein weiterer Häftling, Robert Wolf, von der Kampfgruppe zur Flucht gut ausgerüstet, sollte eine Verbindung zu Partisanen aufnehmen und ihnen Pläne zur Befreiung des Lagers übergeben.

Seine Flucht gelang wie geplant, aber unsere Kampfgruppe erhielt von ihm bis zur Evakuierung des Lagers keine Nachricht. Nach der Befreiung haben wir erfahren, daß er sich bis zum Ende des Krieges auf einem Bauernhof versteckte. Der polnische Partisanenverband Armia Krajova – auch das habe ich erst nach der Befreiung erfahren – wollte eine Massenflucht der Häftlinge aus Auschwitz nicht unterstützen. Sie begründeten das damit, daß die geschwächten Häftlinge untauglich seien zu kämpfen und daß sie kein Krankenhaus besaßen.

Was mochte in diesem armen, gehetzten Menschen vorgehen, der, nun wieder gefangen, seinen Kameraden so schimpflich vorgeführt wurde? Was für eine schwere, bittere Zeit mochte er auf der Flucht gehabt haben?

Der Trommler mußte noch die ganze Reihe abschreiten. Am Ende kehrte er um. Das Plakat wankte, der SS-Mann hüpfte tretend hinterher, der Häftling schlug in müdem Rhythmus die Trommel. In der Mitte der Reihe wurde ihm die Trommel abgenommen, und die Stricke des Schildes von seiner Brust gelöst. Völlige Stille trat ein. Zwei SS-Männer hatten bereits ihre Röcke ausgezogen, die Hemdsärmel hochgekrempelt und erwarteten, jeder eine Peitsche in der Hand, das Opfer. Vor ihnen stand groß und breit der Bock, jenes Gerät, auf dem der Häftling geschlagen wurde. Der Häftling machte einige Schritte vorwärts. Wankte er? Nein, er hatte sich nur gebückt. Jetzt machte er wieder einige Schritte vorwärts. Die beiden Schläger bogen spielerisch ihre Ochsenziemer. Da plötzlich stürzte der Gefangene nieder. Mehr war nicht zu sehen. SS-Männer liefen hin, der Lagerkapo Emil raste über den Platz auf den Krankenbau zu. Was war geschehen? Warum jagten sie den Gestürzten nicht hoch? War er so entkräftet, daß es nicht mehr ging? Unruhe kam in die zehntausend Häftlinge. Vom Krankenbau brachte man eine Tragbahre. Zu gleicher Zeit erscholl der Befehl zum Abmarsch in die Blöcke. Unbenützt stand der Bock da. Warum? Dieses »Warum« war in unser aller Gedanken, als wir abmarschierten. Niemand wußte, was geschehen war; selbst die in den vordersten Reihen hatten nicht viel mehr gesehen als ich.

Vom Block aus ging ich gleich in die Bekleidungskammer. Vom Kapo der Bekleidungskammer bekam ich ein paar Ohrfeigen, und mit den Worten: »Das kannst du deiner Oma erzählen, aber nicht mir, du Drecksack« wollte er mich hinauswerfen. Da gab mir sein Helfer ein Paar Schuhe, zwei Nummern zu groß, aber wenigstens mußte ich am nächsten Tag nicht ohne Schuhe ausrücken.

Glücklich hinkte ich in den Krankenbau. In der Ambulanz war gerade ein Bekannter. Ich zeigte ihm meine rechte Fußsohle, und er wunderte sich, daß ich noch laufen konnte. Er behandelte meinen Fuß und erzählte mir von dem eingefangenen Flüchtling: »Als er zum Bock geführt wurde, hat er sich mit der scharfen

Kante eines Löffels in seiner Verzweiflung die Halsschlagader durchschnitten. Er hat viel Blut verloren und ist noch auf der Tragbahre gestorben. Er hat sich mit dem Selbstmord viele Folterungen und Quälereien erspart. Die SS hätte ihn sowieso später gehenkt.«

Als ich in den Block zurückkam, war die Suppe schon verteilt worden und für mich keine übriggeblieben. Aber ich hatte zwei Schuhe und schlief deshalb zwar hungrig, aber zufrieden.

21

Zwei Luftangriffe auf die Buna-Werke

Im Mai 1944 arbeitete ich in der Desinfektionsstation des Krankenbaus. Eines Vormittags begann plötzlich eine Sirene zu heulen. Sie verkündete einen Luftangriff. An der Seite des Werkes stiegen die Sperrballons hoch. Ein kleines senkrecht fliegendes Flugzeug zeigte sich, es zeichnete einen großen nebligen Kreis über dem Werk und verschwand. Dies alles dauerte nur ein paar Sekunden. Nach einer Weile hörten wir ein so machtvolles Brummen, daß das Feuer der Fliegerabwehrartillerie, die jetzt in nächster Nähe schoß, lediglich wie ein wütendes, aber ungefährliches Bellen klang. Dann kamen die Bomber. Gewaltige Detonationen erschütterten die Luft, eine, zwei, zehn und mehr, alle in gleichmäßigem Abstand. Die Erde zitterte wie bei einem Erdbeben. Die SS-Männer hinter dem elektrischen Zaun versteckten sich in kleinen Betonbunkern neben den Türmen, man sah nur ihre Schuhe oder Helme. Dunkle Wolken umgaben das Lager von allen Seiten. In diesem Durcheinander lag ich mit meinem Kameraden Karel Minc auf dem Rasen vor dem Krankenbau. Der Luftdruck drückte uns auf den Boden. Es tat gut, zu beobachten, wie die SS-Männer sich noch tiefer in den Bunkern versteckten, und da es der größte Angriff war, den wir im Lager erlebt hatten, hätten wir vor Freude tanzen mögen. Die Bomben detonierten in unmittelbarer Nähe, deshalb liefen wir in den Desinfektionsbunker. Im Bunker zitterte alles, und die Häftlingskleider, die mit Dampf desinfiziert werden sollten, fielen von den Stangen auf den Boden.

»Wir gehen lieber wieder 'raus, hier könnte die Decke platzen, und dann sind wir begraben; abgesehen davon, daß die Dampfröhren vielleicht nicht dichthalten«, sagte Karel, und wir rannten wieder vor den Block. Wir sahen in großer Höhe Hunderte von Bombenflugzeugen wie silberne Fliegen blitzen und zwischen ihnen die Sonne. Die Bombardierung wurde in drei Etappen durchgeführt. Die Bomber warfen einfach ihre Bomben in den Kreis ab, den das kleine Flugzeug vorgezeichnet hatte. Man nannte dies eine Teppichbombardierung. Das Ziel des Angriffes war wohl die Einrichtung für Benzinerzeugung aus Kohle, die bereits bei drei vorangegangenen Fliegerangriffen beschädigt worden war. Aus diesem Werk konnte bis zum Ende des Krieges kein einziger Liter Benzin mehr abgeliefert werden, da die Einrichtung nach diesem Angriff völlig zerstört war.

Plötzlich wurde es vollkommen still. Der Angriff hatte etwa eine halbe Stunde gedauert. In unser Lager war auch eine Bombe gefallen und hatte Block 9 zerstört. Auf der Lagerhauptstraße blieb nach der Bombe ein tiefer Krater. Abends beim Einrücken der Arbeitskommandos wurden aus den Buna-Werken viele Tote und verwundete Häftlinge zum Appell mitgebracht. Wir erfuhren von Häftlingen, die in der Nähe des Engländer-Kriegsgefangenenlagers gearbeitet hatten, daß Bomben auf dieses Lager gefallen und viele Gefangene getötet oder verwundet worden waren.

Einen weiteren Fliegerangriff erlebte ich an einem Sonntagvormittag. Es sollte für uns Häftlinge ein freier Sonntag sein, aber einige Kommandos mußten ins Buna-Gelände ausrücken. Wir gingen an diesen »freien« Sonntagen gerne zur Arbeit, denn wir konnten meistens ruhig und ohne Schläge arbeiten: die SS-Kommandoführer kamen nur selten auf die Baustelle. Im Lager hätten wir uns sowieso nicht ausruhen können, da gab es immer Schikanen von den Blockältesten.

An diesem Tag konnte ich mich auch mit dem tschechischen Zivilarbeiter aus Mähren treffen, der für mich Briefe an meine Bekannten schrieb und mir die Antworten brachte. Ich bekam von ihm auch immer etwas zu essen. Er erwartete von meinen Bekannten, die in Freiheit lebten, keine Belohnung; er war gutmütig und glaubte nicht, daß man Gutes um der Belohnung willen tun dürfe. Ich war nicht der einzige Häftling, der Beziehungen zu Zivilisten hatte und von ihnen unterstützt wurde. Mein Helfer hieß Josef. Vor dem Einsatz in Buna war er in Prerov in der Bibliothek beschäftigt gewesen. Es war für ihn sehr gefährlich, mit einem Häftling Kontakt zu haben. Ich glaube, daß ich mein Leben nicht zuletzt Josef zu verdanken habe, nicht nur wegen seines materiellen Beistands, sondern hauptsächlich, weil er mir Mut machte und mich dauernd daran erinnerte, daß es außerhalb der unseren noch eine gerechte Welt gab, und daß es sich lohnte, sein Leben dafür zu bewahren.

Etwa um zehn Uhr an diesem Sonntag begannen die Sirenen zu heulen. Bei Fliegeralarm durften wir Häftlinge nicht in die Bunker. Wir gingen also in unsere Gerätebude. Dann hörten wir die Flieger über uns und setzten uns vor die Bude. Wir sahen viele Flugzeuge am Himmel, silberne, glänzende Dinger, klein und schön wie Spielzeug. Ganz ruhig flogen sie über uns. Plötzlich ertönte das Sausen fallender Bomben. Es heulte in der Luft, und es gab gewaltige Einschläge auf dem Buna-Gelände. Wir sahen hohe Wolken von Schutt und Rauch. Alles bebte und zitterte, die Druckwelle war spürbar. Wir warfen uns zu Boden.

Eine Bombe schlug etwa hundert Meter von unserer Bude entfernt ein. Wir lagen unbeweglich auf der bebenden Erde. Ich war der Meinung, dies sei das Ende des Angriffs. Plötzlich spürte ich einen heftigen Luftdruck über uns. Unsere Bude zerbrach gleich darauf wie ein Kartenhäuschen. Alles um uns herum war in Staub gehüllt, ich konnte nichts mehr sehen. Wir schwitzten, zwischen Staub und glühenden Trümmern auf die Erde gepreßt, unter dem Wüten der Bomben. Auf mir lagen einige Bretter, und ich spürte einen heftigen Schmerz am Hinterkopf. Als ich hingriff, hatte ich eine blutige Hand; aber es war wohl nur eine Platzwunde von einem heruntergefallenen Brett. Neben mir lag Alfred mit dem Gesicht zur Erde. Ich wagte nicht, ihn anzurühren, denn ich hörte ihn stöhnen. Ich stand auf, hörte irgendwo hinter uns eine neue Bombe fallen, blieb aber stehen. In meiner Nähe lag ein Häftling auf dem Rücken, die Arme ausgebreitet. Es war nicht zu erkennen, ob die anderen Kameraden um mich herum noch leben. Keiner rührte sich, ihre Gesichter waren verstaubt. Das Bombardement hatte aufgehört. Alfred wollte sich aufrichten, aber er sank auf den Boden zurück. Seine Hose und seine Schuhe waren voll Blut. Die nichtverletzten Kameraden standen auf und trugen die Verwundeten aus den Trümmern. Alfred trugen wir in die Baracke für Erste Hilfe. Eine Wand der Baracke war durch den Luftdruck herausgerissen worden. Innen sah es wüst aus. Fensterscheiben waren in Scherben, die Möbel umgestürzt. Am Boden lagen mehrere Zivilisten. Die Rot-Kreuz-Schwestern sagten uns, daß Häftlinge nicht behandelt würden, und ein SS-Mann jagte uns hinaus.

Während wir warteten, sahen wir, wie zwischen den Trümmern

Zigmund mit einem Verbandkasten hantierte, den er irgendwo »organisiert« hatte. Auf den Brettern lag Genek in einer Blutlache, ein netter, immer freundlicher und verständiger Pole. Er wurde von Zigmund verbunden, aber man sah: da gab es keine Hilfe mehr. Er lag ganz still, eine große Wunde klaffte an seiner Seite. Die SS und die Kapos liefen hin und her. Niemand dachte daran, uns zu bewachen.

Alfreds verletztes Bein hatten wir auf einen Schemel gelegt. Ich sah, wie er alle Kraft zusammennehmen mußte, um ohne einen Laut die Schmerzen zu ertragen. Die Kameraden brachten neue Verwundete.

Zigmund reinigte mir die Kopfwunde. Es sei nur ein Kratzer, sagte er. Ich spürte auch keinen Schmerz mehr. Ich sah das Bild von vorhin wieder vor mir: die auf dem Boden liegenden Kameraden... Und da tauchte in meiner Erinnerung auch ein SS-Posten auf, der mit irrem Gesichtsausdruck durch das Gelände gerast war, planlos, das Gewehr in der Hand, den Stahlhelm tief über den Kopf gezogen. Ich drehte mich um und wollte Genek Adieu sagen. Ich beugte mich über ihn, berührte streichelnd seinen Arm. Er war schon tot. Er lag ganz friedlich da in seinem Blut.

Ein Lastauto mußte mehrmals mit Verwundeten und Toten ins Lager fahren. Wir steckten auch Alfred auf den Wagen zu den vielen Verwundeten.

Am nächsten Tage besuchte ich Alfred im Krankenbau. Sein Bein war bis zum Oberschenkel verbunden. Er erzählte mir, daß sein Bein zu einem runden Klumpen geschwollen war, es hatte eine Öffnung, aus der Blut kam. Er wurde unter den Röntgen-Apparat gebracht und dann operiert. Der Arzt sagte, daß unter anderem zwei Knochen im Fuß an mehreren Stellen gebrochen waren. Ich sprach mit den Kameraden über Alfred; wir fürchteten, daß er bei einer Selektion von der SS nach Birkenau ins Gas geschickt würde, wenn er länger im Krankenbau liegen müßte. Normalerweise schickten nämlich der SS-Arzt Fischer oder der SS-Sanitäter Neubert jeden Häftling nach zwei Wochen Aufenthalt im Krankenbau in die Gaskammer.

Nachdem Alfred bereits mehrere Wochen im Krankenbau gelegen hatte, bangten wir um sein Leben. Er konnte nur schlecht gehen und hinkte. Die Knochen waren nebeneinander zusammengewachsen, ein Bein war kürzer geworden: Alfred würde nie mehr richtig gehen können. Die Häftlingsärzte versteckten ihn mehrmals vor einer Selektion.

Der SS-Sanitäter wurde bestochen, er solle bei weiteren Selektionen beide Augen zudrücken. »Aber ewig geht das auch nicht«, sagte mein Bekannter, der Pfleger, »einmal werden sie draufkommen, daß er so lange im Krankenbau ist. Der SS-Neubert und auch der Lagerälteste Budiasek drehen schon die Köpfe.«

Alfred hatte großes Glück. Im Oktober 1944 sickerten unerwartete Nachrichten aus Birkenau zu uns durch: Die SS habe angeordnet, die fünf Gaskammern und vier Krematorien zu sprengen. Die Gruben mit den Scheiterhaufen wurden eingeebnet und mit einer Grasnarbe bedeckt. Das gleiche geschah mit dem Gelände, auf dem die Gaskammern und Krematorien gestanden hatten. Angeblich war nichts mehr vom Schauplatz der blutigsten Tragödie der Weltgeschichte zu sehen. Das letzte Krematorium diente dem täglich anfallenden Bedarf. Die Karteikarten der vergasten Häftlinge wurden verbrannt. Für die Millionen Menschen, die sofort nach ihrer Ankunft vergast worden waren, hatte man nie Karteikarten angelegt. Sie wurden vergast und verbrannt, ohne daß sich die SS für ihre Namen interessiert hätte. Namenlos starben die Millionen.

22

Sommer 1944: Begegnung mit den Frauenhäftlingen

Ich hatte nach dem Morgenappell beim Befehl »Arbeitskommando antreten« das Flak-Kommando erwischt. Die Arbeitsstätte war ziemlich weit von Buna entfernt. Wir marschierten eine Stunde hin. Als wir ankamen, sahen wir eine Kolonne von etwa hundert Elendsgestalten in gestreiften Lumpen. Sie sahen genauso aus wie wir, waren ebenso kahlgeschoren, ebenso dürr, ebenso hungrig. Die Kopftücher, die sie trugen, waren das einzige Zeichen, daß diese Häftlinge Frauen waren. Zum erstenmal sah ich Frauenhäftlinge und SS-Frauen aus nächster Nähe. Lange konnten wir uns jedoch nicht nach ihnen umwenden, denn wir mußten unsere Spaten und Hacken aus der Werkzeugbude holen und an die Baustelle abmarschieren.

Als wir mittags zur Suppenausgabe antraten, starrten wir fassungslos auf das Bild, das sich unseren Augen bot. Fünfzig Meter neben unserer Werkzeugbude war der ganze Boden mit weiblichen, in Fetzen gehüllten Körpern bedeckt, ein Meer von matt sich regenden Leibern, aus dem sich die kahlgeschorenen Köpfe erhoben. Eingefallene Gesichter starrten uns entgegen, Gesichter, in denen man nur blasse, spitze Nasen und tiefgesunkene, traurige Augen sah. Aber diese Augen gerade waren es, die uns mit seltsamer Bannkraft anzogen, sich an uns festsogen und uns nicht losließen. An den Gesichtern allein hätte man nicht unterscheiden können, ob es sich hier um Männer oder Frauen handelte, um junge oder alte Menschen.

Ängstlich umherirrende Augenpaare verfolgten jede unserer Bewegungen, als wir die Suppe hinunterschlangen. Plötzlich aber wurden dann Namen, Orte, Länder in polnisch, griechisch, ungarisch, deutsch, jüdisch, tschechisch, holländisch, slowakisch, italienisch und anderen Sprachen geschrien. Wir wußten nicht, wohin wir zuerst sehen und welche Schreie wir zuerst beantworten sollten. Wer hatte hier noch einen Namen? Wer konnte auf diese Entfernung in diesem Elendshaufen irgendeine Verwandte oder Bekannte erkennen?

Die SS-Frauen machten dem Geschrei bald ein Ende. Sie fingen an, die unglücklichen Frauen zu prügeln. Bei uns brachten die SS-Männer die Kolben und die Kapos die Stöcke in Bewegung. Halb wahnsinnig starrten wir auf die Frauen und suchten unter ihnen unsere Mütter, Schwestern und Töchter. »Antreten« hieß das Kommando, und wir marschierten zur Arbeit. Wir nahmen die Blicke von Hunderten von Augen mit, von weitgeöffneten, schnell wieder trostlos erloschenen Augen.

Wie lange waren wir in der Nähe der Frauenhäftlinge gewesen? Es war nur für eine kurze Mittagspause, aber gleichzeitig für uns ein Schrecken, der jeden Zeitbegriff löschte. Wir Männer kannten unser Schicksal; der Anblick der Frauen aber, die offensichtlich das gleiche erleiden mußten, überstieg alles Bisherige in so unerträglichem Maße, daß wir zutiefst verstört waren. Unsere Sinne funktionierten nicht mehr, es war, als ob sie das eben Erlebte verleugnen, zerstören wollten. Während der Jahre unseres Aufenthalts in Auschwitz hatten wir gehofft, daß unsere Mütter, Schwestern und Töchter, die nicht in die Gaskammern geschickt, sondern dem Arbeitseinsatz zugewiesen worden waren, von der SS besser behandelt würden als wir Männer. Aber nun hatten wir gesehen, daß das Elend bei den Frauen noch größer war als bei uns.

23 Die Prügelstrafe

Als ein Kamerad aus meinem Block, Adolf Jelinek, einmal seinen Verwandten schreiben wollte, wurde sein Brief bei einer Filzung bei ihm gefunden und der Lagergestapo, Politische Abteilung, übergeben. Er bekam als Strafe fünfundzwanzig Schläge auf dem Bock zudiktiert, die höchstzugelassene Anzahl Schläge, die auf einmal verabreicht werden durfte. An einem Sonntag nach dem Appell schnallte man ihn auf den Bock, der vor dem Häftlingslager aufgestellt worden war. Die Bestrafung übernahm der SS-Oberscharführer Goering.

Der Bock war ein bankähnliches Holzgestell, auf das der Häftling auf dem Bauch liegend so angeschnallt wurde, daß der Oberkörper und der Kopf sowie die Beine schräg abwärts gerichtet lagen und sich das Gesäß emporwölbte. Die Beine wurden ebenfalls festgeschnallt. Schon allein das war eine Folter; aber welche Qual erst, wenn die Schläge fielen!

Ich selbst hatte das zweimal ertragen müssen, als ich wegen »schlechten Bettenbaus« je fünf Stockhiebe erhielt.

Geschlagen wurde verschieden, entweder mit einer Hundepeitsche, mit einem Stock oder mit dem am meisten gefürchteten Ochsenziemer. Ausführende der Prügelstrafen waren fast immer Blockälteste oder Kapos, die von der SS dazu bestimmt wurden. Es fanden sich aber auch sadistisch veranlagte SS-Männer, die freiwillig diese Arbeit übernahmen. Die zur Prügelstrafe verurteilten Häftlinge versuchen oft, einen Lappen, eine zweite Unterhose oder eine andere Einlage als »Schutz« unter die Hose zu schieben. Wurde dies entdeckt, so schlug man verschärft, das heißt, es wurde auf den nackten Hintern geprügelt.

Da auch Jelinek sich einen Lappen in seine Hose gesteckt hatte und dies beim Anschnallen auf den Bock entdeckt worden war, wurde er mit einem Ochsenziemer auf das nackte Gesäß geschlagen. Bei jedem Schlag hatte der Häftling laut mitzuzählen, und wenn er vor Schmerzen nicht rechtzeitig oder nicht laut genug die Schlagzahl rief, so zählte der ausgeführte Schlag nicht. Der SS-

Oberscharführer ließ seinen Ochsenziemer durch die Luft sausen, so daß der Kamerad vor Schmerzen schrie. Schon bei den ersten Schlägen platzte die nackte Haut auf und blutete; doch unbeirrt schlug der SS-Mann weiter zu, immer darauf achtend, daß sein Opfer die Schläge auch laut genug mitzählte. Der SS-Lagerführer Schotell, der Lagerarzt Fischer und der SDG Neubert standen in der Nähe des Bockes und schauten interessiert zu.

Endlich waren die fünfundzwanzig Schläge ausgeteilt; doch der Kamerad wurde nicht gleich von dem Bock abgeschnallt. Auf Befehl des SS-Arztes mußte der bei jeder Prügelstrafe anwesende Häftlingspfleger das blutiggeschlagene Gesäß mit Jod einpinseln, so daß Jelinek vor Schmerzen in Ohnmacht fiel. Als er zu sich kam und abgeschnallt wurde, mußte er sich in unsere Reihen stellen, während sich seine Drillichhose am Gesäß blutig färbte. Nach dieser Strafe war er länger als drei Monate nicht in der Lage, sich hinzusetzen, bis die Wunden geheilt waren.

Häufig wurden die Prügelstrafen auf dem Appellplatz durchgeführt. Einmal erhielt ein polnischer Häftling Prügel, der keinen Ton von sich gab, obwohl er kräftig geschlagen wurde und auf dem Bock hing. So sehr auch der Oberkapo auf ihn eindrosch, der Häftling hielt die Lippen zusammengekniffen. Das brachte die SS-Männer offensichtlich auf den Verdacht, daß die Schläge zu milde seien. Ein Blockführer übernahm den Stock, fing nochmals von vorne an und schrie: »So lange werde ich das Schwein schlagen, bis er schreien wird.« Der SS-Mann schlug dann mit solcher Gewalt zu, daß bei jedem Schlag die Haut zentimeterweit aufplatzte und das Blut auf den Boden herunterrann. Da siegte auch bei dem »Schweiger« die Vernunft, und er brüllte laut nach jedem Schlag.

24
Exekutionen

Als wir an einem Tag im Oktober 1944 wie gewöhnlich nach der Arbeit zu den Klängen des Häftlingsorchesters durch das Lagertor marschierten, sah ich von weitem auf dem Appellplatz drei Galgen stehen. Entsetzt ahnte ich, für wen sie aufgestellt waren. Drei Kameraden hatten erfolglos versucht zu fliehen.

Jetzt erfuhren wir vom Lagerkapo, daß die drei Todesurteile aus Berlin gekommen waren.

Die Appellglocke verkündete das Ende der Tragödie der tapferen Kameraden. Als wir uns zum Appell aufstellten, sah ich die ganze SS-Prominenz bei den Galgen stehen. Lagerführer Schöttl, Rapportführer Rakers, SS-Arzt Fischer, Arbeitsdienstführer Stollte, den Leiter der politischen Abteilung Wieczorek und weitere SS-Männer. Ich stand mit unserem Block in der Mitte des Appellplatzes. Nach dem Abzählen der Häftlinge wurden Jan, Franz und Paul zu den Galgen geführt. Es war vollkommen still. Man hörte lediglich den Kies unter den Stiefeln der SS-Wache knirschen, die die Verurteilten aus dem Stehbunker zum Galgen begleitete. Alle drei gingen gerade, mit nach hinten gebundenen Händen. Ich stand wie gelähmt und wütend über unsere schreckliche Machtlosigkeit.

Jan betrat mutig das Podium und stellte sich sofort auf den Hocker, der unter dem Galgen aufgestellt war. Es erfolgte das Kommando »Achtung«, und nach einer Weile trat der Rapportführer Rakers aus der SS-Gruppe vor. Von einem Zettel begann er das Urteil zu verlesen. In eine kurze Pause hinein rief Jan plötzlich mit ein wenig erstickter Stimme: »Es lebe die Freiheit!« Es folgten von Franz die Worte: »Kameraden, Kopf hoch!« Und von Paul: »Wir sind die letzten!«

Der Rapportführer und die SS-Männer waren so überrascht, daß sie nicht wußten, was sie machen sollten. Der Rapportführer hatte das Urteil noch nicht zu Ende gelesen. Er war so wütend, daß er Jan mit einer Peitsche ins Gesicht schlug. Wir hörten, wie Jan Rakers anschrie: »Du Schwein!« und sahen, wie er ihm ins Gesicht spuckte.

Ohne das Urteil zu Ende zu lesen, gab der Lagerführer Schöttl den Befehl zur Exekution.

Die drei Hocker wurden weggezogen, die Schlingen zogen sich fest zusammen. Die Körper der Kameraden spannten sich zuckend und blieben dann leblos hängen, die Köpfe fielen auf die Seite. Langsam drehten sich die Körper an den dicken Stricken. Der SS-Arzt Fischer stieg auf das Podium und stellte amtlich den Tod der Exekutierten fest. Ich konnte meine Augen nicht von ihnen lassen. Um nicht mit den Zähnen zu klappern, biß ich sie zusammen, bis es schmerzte. Ich konnte die Tränen nicht zurückhalten ...

Das ganze Lager stand bewegungslos. Die schweigende Menge der zehntausend Häftlinge mußte dann auf Befehl der SS am Galgen vorbeimarschieren. Es wurde ein Ehrenmarsch für die Toten. Diszipliniert defilierten die Häftlinge vieler Nationen an den Helden vorbei. Die SS-Männer standen neben den Erhängten, bis die ganze Belegschaft in die Blöcke abmarschiert war. Vor unserem Block ertönte plötzlich unerwartet ein Kommando: »Mützen ab.« Es schien mir, daß es Hermanns Stimme war. Der ganze Block erwies den Toten die letzte Ehre.

Ich setzte mich in die Koje und weinte vor Ohnmacht und Schmerz. Einige Kollegen klopften mir auf die Schultern und versuchten mich zu trösten. »Kopf hoch, sie werden für alles bezahlen müssen!« Neben mir stand Hermann, und nach einer Weile erschien Ferda und sagte: »Jan war unser guter Freund ... Er war ein anständiger Kerl ... Er hat niemanden verraten!« Ferda sprach mit kurzen Sätzen und machte Pausen dazwischen. Er gab mir einen Brief. Wenn Gott jemandem von uns erlauben sollte, lebendig nach Hause zurückzukommen, so sollten wir ihn der Verlobten von Jan übergeben. Sein Bruder Freddy bekam auch einen gefalteten Brief und versteckte ihn in seiner Drillichjacke. Freddy war als Kalfaktor beim Lagerältesten P. K. beschäftigt. Kameraden hatten ihn in den Krankenbau aufgenommen, um ihm den Anblick der Exekution seines Bruders zu ersparen.

25

Rabbi Elieser

Im Herbst 1944 wurde Rabbi Elieser mit mehreren ungarischen Juden in den Block eingewiesen, in dem auch ich untergebracht war. Er war etwa 35 Jahre alt, von mittlerer Gestalt und hatte schwarze Augen. Trotz des Leides, das er in Buna durchmachte, strahlte sein Gesicht nach wie vor von innerer Zuversicht und Klarheit. Er war ein herzensguter Mensch, den jedermann im Block, den Blockältesten und die Kapos eingeschlossen, schätzte. Der Rabbi sprach sieben Sprachen perfekt. Meine Koje war in der Nähe seiner Schlafstelle, und ich hatte oft Gelegenheit, mich mit ihm zu unterhalten. Wir arbeiteten im gleichen Kommando. Ein Häftling, sein ehemaliger Schames, der Synagogendiener, war immer um ihn, ob im Block oder bei der Arbeit. Sie waren wie Zwillingsbrüder. Jeden Tag in der Mittagspause oder abends im Block betete der Rabbi. Seitenlang konnte er den Talmud zitieren.

Eines Tages beobachtete ich, wie ein deutscher Jude, Herbert, zu ihm ans Bett ging und zu ihm sagte: »Es ist aus, Rabbi. Gott ist nicht mehr mit uns.«

Der Rabbi sah ihn eine Weile an und antwortete ihm mit heiterer Stimme: »Ich weiß, es geht uns allen miserabel, und wir sind verzweifelt. Aber du hast nicht das Recht, so etwas zu sagen. Wir Menschen sind zu klein, zu unbedeutend, um die geheimnisvollen Wege Gottes suchen und verstehen zu können. Wir sind einfache Geschöpfe aus Fleisch und Blut. Wir alle leiden Höllenqualen in unseren Seelen und in unseren Körpern.«

Herbert unterbrach den Rabbi: »Ich habe doch Augen im Kopf und sehe, was mit uns geschieht. Wo ist die göttliche Barmherzigkeit? Wo ist Gott? Wie kann ich an diesen Gott der Barmherzigkeit glauben? Du, Rabbi, sagst oft in deinem Gebet: ›Gepriesen sei der Name des Ewigen!‹ Warum soll ich ihn preisen? Weil er Tausende seiner Kinder in Gräben verbrennen ließ? Weil er die Gaskammern Tag und Nacht, Sabbat und Festtag arbeiten läßt? Weil er in seiner Allmacht Auschwitz und andere Todeslager geschaffen hat? Wie soll ich zu ihm sagen: ›Gepriesen seist du, Ewiger, König der Welt, der uns unter den Völkern erwählt hat‹, wenn wir Tag und Nacht gefoltert werden und unsere Väter, unsere Mütter, unsere Kinder in den Gaskammern verenden sehen?«

Der Rabbi antwortete dem Verzweifelten: »Er ist der Herr der ganzen Erde und des Weltalls! Wir gehen jetzt durch die Hölle. So wie in Sodom ließ der liebe Gott hier Feuer und Schwefel vom Himmel regnen. Aber am Ende dieser Hölle werden wir die Erlösung finden und in das gelobte Land kommen, und dann wird Zion aus den Gaskammern wieder erstehen. Das jüdische Volk wird aus seinen Millionen von Toten auferstehen. Durch unsere Leiden und unseren Tod werden die anderen gerettet. Du mußt beten, und dann wirst du auch Ruhe finden.«

Ich hörte seinen Ausführungen gerne zu, auch wenn sie in dieser Zeit nicht sehr überzeugend klangen. Der Rabbi wurde von uns verehrt. Wir unterstützten ihn, wo es nur ging. Auch der Blockälteste und die Kapos behandelten ihn milder als andere. Sie schlugen ihn nicht. Aber er magerte bis auf die Knochen ab. Infolge der Unterernährung bekam er Phlegmone, eitrige Entzündungen des Bindegewebes, im Bein und lag zwei Wochen im Krankenbau. Doch auch dort besserten sich seine Beine und sein körperlicher Zustand nicht.

Eines Abends hörte ich, wie der Rabbi ein Gebet vor sich hin murmelte. Es war der Vorabend von Resch-Haschanach, dem letzten Tag des jüdischen Jahres. Aus diesem Anlaß versammelten sich hinter unserem Block viele Juden, auch solche, die nur noch selten beteten. Im Konzentrationslager verloren viele ihren Glauben. Meine Eltern waren keine frommen Juden gewesen, wir gingen nur an den größten Feiertagen in die Prager Synagoge beten. Aber an diesem Abend ging auch ich zu den frommen Juden und betete. »Wer bist du, mein Gott, wenn du meine Mutter, meinen Vater und meinen Bruder vergasen ließest? Wie kannst du zusehen, wie wir hungern, wie wir erschlagen werden und wie wir gefoltert werden?« Ich hörte, wie sich die Stimme des Rabbis Elieser unter dem Weinen, Schluchzen und Seufzen der Betenden machtvoll und gebrochen zugleich erhob: »Er ist der Herr der ganzen Erde und des Weltalls!« Seine Augen richteten sich zum Himmel. Er wirkte müde. Wie mager er aussah! Wie seine Backenknochen hervorstanden! Das Gebet endete mit dem Kaddisch, dem Gebet für die Verstorbenen. Ein jeder sprach den Kaddisch für seine Eltern, Kinder, Geschwister und sich selbst. Eine Weile blieben wir noch hinter dem Block stehen. Wir gedachten unserer Liebsten, die schon die bessere Welt betreten hatten. Das Läuten der Glocke brachte uns unbarmherzig in die Wirklichkeit zurück. Wir waren während des Gebets ziemlich weit weg gewesen. Die Gesichter meiner Kameraden hatten sich entspannt, und über manch einem lag etwas, das einem Lächeln glich.

Langsam gingen wir zum Block zurück und wünschten einander ein gutes neues Jahr. Ich wunderte mich, daß die Blockältesten und die Kapos, die unsere Versammlung und das Beten unter dem freien Himmel gesehen hatten, uns nicht dabei störten. Vor einem Jahr wäre dies nicht möglich gewesen, da hätten sie uns sicher mit Stöcken auseinandergetrieben. »Wie haben sich doch die Zustände in Buna geändert«, dachte ich.

Am Jom Kippur, am zehnten Tag des neuen jüdischen Jahres, am Tag der Versöhnung, des großen Vergebens, fastete der Rabbi. Wir versuchten ihm klarzumachen, daß man im Lager die religiösen Gewohnheiten sowieso nicht einhalten konnte, daß koscheres Essen nicht vorhanden war und daß das Fasten nur einen noch rascheren Tod bedeutete. Auch sagten wir ihm, daß wir hier doch die ganze Zeit über fasteten und das ganze Jahr für uns Jom Kippur war. Aber er meinte, man müsse fasten, gerade weil das Fasten gefährlich sei. Es gelte, Gott zu zeigen, daß man selbst hier, in dieser verriegelten Hölle, imstande sei, ihn zu preisen.

Der Rabbi trank morgens keinen Kaffee, aß mittags keine Suppe und betete die ganze Mittagspause über. Wir beteten mit ihm, aber wir fasteten nicht. Nach unserer Rückkehr von der Arbeit kündigte uns der Blockälteste eine Blocksperre an. Bald darauf machte das schreckliche Wort »Selektion« die Runde. Die SS machte uns zum Jom Kippur ein schönes Geschenk. War es Zufall oder Absicht? Der Blockälteste befahl uns, uns ganz auszuziehen und vor unsere Kojen zu stellen. Wir warteten lange nackt und starrten auf die Türen des Tagesraums. Dort drinnen waren die »Arier«, die sich der Selektion nicht zu unterziehen brauchten.

Unweit von mir stand der Rabbi Elieser. Er hatte einen dicken Papierverband um sein Bein gehabt, und ich erschrak, als ich ihn nackt sah. Wie war es überhaupt möglich, daß er noch gehen konnte? Wir sahen, daß der Rabbi nicht durch die Selektion kommen würde, weil eine Phlegmone bis auf den Knochen bei unserer Ernährung im Lager nicht heilbar war.

Ein Stubendienst beschloß, dem Rabbi zu helfen und einen noch gut aussehenden Häftling nach seinem Test beim SS-Arzt durchs Fenster zurück zu den noch nicht Selektierten zu schmuggeln. Er sollte sich melden, wenn die Häftlingsnummer des Rabbis aufgerufen wurde, und sich an seiner Stelle selektieren lassen. Aber das war nur dann möglich, wenn die SS nicht die eintätowierten Häftlingsnummern an der Hand kontrollierte.

»Achtung!« ertönte die Stimme des Blockältesten. Der SS-Arzt Fischer, sein SS-Sanitäter Neubert und ein SS-Blockführer traten in den Block.

Der Blockälteste begann, die Häftlingsnummern von einer Liste abzulesen. Jeder von uns mußte an den SS-Männern vorbeigehen. Einige Kameraden musterte der SS-Arzt länger als andere. Der SS-Sanitäter machte sich bei manchen Vorbeigehenden auf seiner Liste ein Zeichen. Während die Häftlinge an den SS-Männern vorbeigingen, mußten sie ihre eintätowierte Nummer zeigen. Das bedeutete das Ende unserer Rettungspläne für Rabbi Elieser.

Meine Nummer wurde aufgerufen. Ich dachte: »Du bist schwach, zu mager...« Ich ging stramm an der SS vorbei, wie bei einer Militärparade. Es waren nur ein paar Schritte, aber ich glaubte, sie dauerten Minuten. Als ich auf der anderen Seite des Blocks ankam, fragte ich meine Kameraden: »Hat er mich aufgeschrieben?«

»Nein«, antworteten sie, und mein Nachbar fügte hinzu: »Du bist wie ein Offizier marschiert, darum haben sie sich nicht getraut, dich ins Gas zu schicken.«

Ich war erleichtert, sie hatten mich also nicht notiert! In diesem Augenblick hatte ich wieder einmal die anderen, die für Birkenau bestimmt wurden, vergessen.

Der Rabbi Elieser wurde wie erwartet vom SS-Arzt Fischer als »arbeitsunfähig« beurteilt. Er selbst bemerkte auch, daß der SS-Sanitäter ein Zeichen auf der Liste machte, während er vorbeiging. Ich stand nackt neben ihm: er sagte kein Wort, und auch ich war stumm, es gab nichts zu sagen. Dabei erinnerte ich mich an sein

Resch-Haschanach Gebet, an seine Stimme bei dem Kaddisch-Gebet für die Verstorbenen. Ahnte er, daß er am letzten Tag des jüdischen Jahres auch für sich gebetet hatte? Die drei SS-Männer gingen weiter in den nächsten Block, um dort die Henkersarbeit, die Selektion, durchzuführen.

Der Rabbi zog sich neben mir an. Er war sehr ruhig, man sah ihm keine Aufregung an. Der Schames sprach mit ihm, als ob nichts geschehen sei. Der Stubendienst kam zu uns, und wir fragten ihn, ob man gegen den Abtransport des Rabbis nach Birkenau noch etwas unternehmen könne. Er schüttelte nur den Kopf und sagte: »Der SS-Arzt hat die Liste mitgenommen. Morgen werden die Selektierten nach Birkenau gebracht. Dagegen kann man gar nichts machen.« Und er ging in den Tagesraum.

An diesem Abend konnte ich nicht einschlafen, ich hörte noch lange in der Nacht das Gebet des Rabbis und seines Schames. Niemand wagte, den beiden zu sagen, daß sie die Nachtruhe störten. Als die Morgenglocke läutete, beteten die beiden immer noch.

Als wir später vor dem Block zum Abmarsch auf dem Appellplatz bereitstanden, kam der Blockälteste mit einer Liste in der Hand und sagte: »Ich werde einige Häftlingsnummern vorlesen. Jeder, der aufgerufen wird, meldet sich mit ›hier‹. Diejenigen, die genannt werden, rücken nicht zur Arbeit aus, die gehen vom Appellplatz mit mir zum Block zurück. Daß mir nur ja keiner fehlt, verstanden?« Dann verlas er etwa zwanzig Nummern. Die von Rabbi Elieser war dabei.

Nach dem Appell formierten der Blockälteste und der Stubendienst diejenigen, die in den Block zurückgehen mußten. Da sah ich, wie der Schames zum Rabbi ging und ihn mit Gewalt aus der Gruppe herausziehen wollte. Ich hörte, wie der Rabbi zu ihm sagte: »Nein, das geht nicht, ich bin schon sehr schwach, ich halte es sowieso nicht mehr lange aus, und ich will mit gutem Gewissen zum lieben Gott gehen.«

Ich begriff, daß der Schames seinen Rabbiner vor der Gaskammer retten und sich selbst opfern wollte. Aber die Augen des Rabbis waren nicht traurig, sie schienen voller Hoffnung. Wir wollten uns vor dem Abmarsch von ihm verabschieden, aber der Blockälteste jagte uns mit Tritten zurück. Wir mußten uns bei unserem Kommando aufstellen. Der Schames weinte ... und wir sprachen lange kein Wort.

Abends erfuhren wir vom Stubendienst, daß die Kleidung der Vergasten mit dem gleichen Lastwagen in die Desinfektionsstation zurückgebracht worden war. »Der Stand der Kleider muß stimmen, nur die Vergasten werden von den Listen gestrichen – Ordnung muß sein!«

26 Otto berichtet von Birkenau

Otto Schön aus der mährischen Stadt Vsetin wurde von Birkenau nach Buna verlegt. Er war in Birkenau als Kutscher beschäftigt. Als er seiner Frau durch einen Zivilisten einen Brief schicken wollte, erfuhr die SS davon. Zur Strafe erhielt er fünfundzwanzig Stockhiebe und wurde nach Buna verlegt. Zufällig teilte man ihn dem Block 11 zu, wo ich gerade untergebracht war. Er bekam seine Schlafstelle neben meiner Koje in einer ruhigen Ecke des Blocks. Der Blockälteste, Schneeweiß, war ein politischer Häftling, ein Sudetendeutscher. Er milderte die Leiden der Häftlinge, wo er nur konnte. Nur in Gegenwart der SS-Leute täuschte er »Krach« vor.

In unserer Blockecke erzählten wir uns an Abenden oder Sonntagen Geschichten aus unserem Leben in der Freiheit und aus den Lagern. Otto berichtete aus Birkenau: »Die Transporte dorthin kommen aus allen von Deutschland besetzten Teilen Europas. Die Krematorien rauchen immerfort, ein widerlicher, süßlicher und schwerer Rauch steigt aus den Schornsteinen. Ich beobachtete von meinem Pferdewagen aus, wie Tausende von Menschen ihren letzten Weg in das Wäldchen antraten – in die Gaskammern. In Birkenau sind vier Vergasungskammern mit Krematorien in Betrieb. Die Kammern sind als riesige Waschräume getarnt. Auf den flachen Dächern gibt es je drei von außen verschließbare Schächte. Die Vergasung wird so vorgenommen: die Häftlinge werden in die Halle gebracht, wo man ihnen sagt, daß sie ins Bad geführt werden. Sie müssen sich ausziehen, und um sie in der Meinung zu bekräftigen, daß sie tatsächlich zum Baden gebracht werden, erhält jeder ein Handtuch und ein Stück Seife. Danach werden sie in die Gaskammer gedrängt. Zweitausend Personen müssen jeweils hinein, so daß jeder nur aufrecht stehen kann. Um diese Menge überhaupt in die Kammer zu bekommen, werden öfter Schüsse abgegeben, damit die in der Gaskammer sich zusammendrängen. Wenn alle in der Kammer sind, wird die schwere Tür geschlossen. Eine Weile wartet man dann, vermutlich, um die Temperatur auf eine gewisse Höhe steigen zu lassen. Danach steigen SS-Männer mit Gasmasken auf das Dach, öffnen die Schachtklappen und schütten aus Blechdosen ein Präparat in die Gaskammer. Die Dosen tragen die Aufschrift »Zyklon B«. Nach einigen Minuten sind in der Kammer alle tot. Es ist bisher noch niemand gefunden worden, der noch ein Lebenszeichen von sich gegeben hätte, was bei dem primitiven Verfahren in der alten Gaskammer im Birkenwald öfter vorkam.

Die Kammer wird dann geöffnet, gelüftet, und das Sonderkommando fährt die Leichen auf flachen Feldbahnwagen zum Ofenraum. Vor Inbetriebnahme der neuen Krematorien kam es im Birkenwald vor, daß die Leichen nachher in einer Grube verbrannt wurden.«

Im Laufe der Zeit erfuhren wir weitere Einzelheiten von Otto.

Zur »Einweihung« des ersten neuen Krematoriums Anfang März 1943, die mit der Vergasung und Verbrennung von 8000 Krakauer Juden »begangen« wurde, kamen prominente »Gäste« aus Berlin, hohe Offiziere und Zivilisten. Sie waren mit der Leistung sehr zufrieden und benutzten das Guckloch, das in der Türe zur Gaskammer angebracht ist. Das Häftlings-Sonderkommando bestand aus einigen hundert jungen und starken Männern. Wer in diesem Sonderkommando arbeiten mußte, wurde aller menschlichen Gefühle beraubt – er war abgehärtet gegen das menschliche Leid. Der Tod der anderen machte auf ihn keinen Eindruck mehr. Die Angehörigen des Sonderkommandos wußten sehr genau, daß sie nur so lange am Leben blieben, bis die SS bestimmte, sie auch zu vernichten. Der SS-Oberscharführer Moll, Kommandant der Krematorien, ließ sie heimlich immer wieder in gewissen Abständen liquidieren, wenn ihre Wachsamkeit aufgrund der guten Behandlung nachließ. An ihre Stelle traten neue Häftlinge . . . und die Geschichte wiederholte sich.

Durch die fortwährend anrollenden Judentransporte waren im Laufe der Zeit etliche Reichtümer nach Auschwitz gebracht worden. Die Deportierten, die nicht ahnten, welches Schicksal sie erwartete, hatten im festen Glauben, in ein Ghetto oder Arbeitslager zu kommen, fast alles mitgenommen, was wertvoll war. Nichts davon durften sie in Auschwitz behalten, alles mußte in den Baderäumen bleiben. Kleidung, Wäsche und Gepäck wurden bereits an der Auschwitzer Rampe abgegeben. Die SS hatte ein starkes Häftlingskommando namens »Kanada« mit der Entleerung der Waggons beauftragt.

Weiter erzählte Otto, daß zum Beispiel von 70000 eingelieferten griechischen Juden nur ein paar hundert am Leben geblieben waren. Die Gaskammern arbeiteten auf Hochtouren. Kolonnen von Männern, Frauen und Kindern, einige hundert, manchmal sogar ein- bis zweitausend, warteten täglich vor dem großen Duschraum. Das Krematorium rauchte vor ihren Augen – sie blickten hin und wußten genau, worum es sich handelte. Der Rauch erzählte ihnen von dem Feuer, in dem ihre Angehörigen verbrannt wurden und in dem auch sehr bald ihr Leben beendet würde.

Zum Schluß sagte Otto noch: »Ich weiß nicht, was für uns besser wäre; ein schneller Tod durch Gas – oder die langsame, gemein berechnete Vernichtung durch Hunger, Gewaltanwendung, schwere Arbeit, Terror und Mord.«

27 Winter 1944/45: Veränderungen

Wir hatten schon zwei Winter in Buna überlebt, jetzt warteten wir auf den dritten.

In der zweiten Hälfte dieses Jahres waren viele neue Häftlinge aus Ungarn ins Lager gekommen. Sie brachten Nachrichten von »draußen«. An den Baustellen sickerten plötzlich Gerüchte durch: über die Landung der Alliierten in der Normandie, über die sowjetische Offensive und über das gescheiterte Attentat auf Hitler. Solche Neuigkeiten riefen immer wieder eine Flut von Hoffnungen hervor. Aber dann spürten wir wieder, wie unsere Kräfte Tag für Tag abnahmen, wie sich unser Verstand umnebelte, wie der Lebenswille schwand.

Wir hörten, daß durch einen Aufstand von Häftlingen des Sonderkommandos das Krematorium IV im Oktober 1944 zerstört wurde. Im November befahl Himmler dann, die Vergasungen einzustellen und Gaskammern und Krematorien zu zerstören.

Es verdichteten sich die Gerüchte über die Siege der Alliierten Truppen und der Roten Armee, deren Offensive erwartet wurde. Die Zerstörung der Gaskammern und Krematorien in Birkenau gab uns zu denken. Wir wußten, warum das geschah. Da die Deutschen selbst nicht mehr an ihre Widerstandskraft glaubten, begannen sie, die stummen Zeugen ihres Vernichtungswahnsinns zu beseitigen. Aus dieser Erkenntnis ergab sich für uns als logische Folgerung: die Beseitigung der stummen Zeugen mußte die Liquidierung der lebenden Zeugen nach sich ziehen. Unsere Beseitigung also. Jeder einzelne von uns wußte, was vor sich gegangen war, und die SS konnte sich denken, daß wir unser Wissen kundtun würden, wenn wir erst einmal in Freiheit wären. Was sollte also mit uns geschehen? Die Mehrzahl der Kameraden sagte: »Niemand von uns verläßt das Lager lebend. Wir haben das Pech, zuviel zu wissen.«

Wenn sich die Rote Armee Auschwitz näherte, mußten wir damit rechnen, zusammengeschossen zu werden. Vergasen konnte man uns nicht mehr, aber die Überlebenden von Lublin-Majdanek, ein Häuflein von Häftlingen, die nach Auschwitz transportiert worden waren, erzählten, daß SS-Männer an einem einzigen Tag 19000 Menschen mit Maschinengewehren erschossen hatten. Da wir in Buna nur noch etwa 10000 waren, konnten wir uns ausrechnen, wie schnell man uns würde liquidiert haben.

Wir warteten auf ein Wunder, das uns retten sollte, die Landung von Fallschirmtruppen in unserem Lager etwa, oder das Erscheinen von Partisanen, die uns befreien würden. Daß wir ohne ein solches Wunder am Leben blieben, war für niemanden von uns vorstellbar.

Am ersten Weihnachtstag 1944 mußten alle deutschen sogenannten »arischen« Häftlinge, das heißt die Politischen, Kriminellen, Asozialen, Bibelforscher und Homosexuellen, auf dem Appellplatz antreten. Da dieses Antreten außerplanmäßig war, wußten sie nicht, was die SS-Lagerführung von ihnen wollte. Es waren nur ungefähr dreihundert Mann: die deutschen Juden galten als »Nichtdeutsche«. Vor den angetretenen deutschen »Ariern« erschien der Lagerkommandant Schwarz mit Lagerführer Schöttl, den beiden Rapportführern Rakers und Goering und vielen weiteren SS-Männern. Alle trugen ihre Gala-Uniform mit allen Orden und Auszeichnungen.

Nach der Meldung des Lagerältesten Paul Kozwara an den Kommandanten Schwarz begann dieser mit seiner Ansprache. Paul, der Blockälteste vom Schonungsblock, hat uns später die Ansprache nacherzählt. Schwarz erklärte, die deutschen Häftlinge hätten durch ihre fleißigen und willigen Arbeitsleistungen gezeigt, daß sie deutschen Blutes seien und ihren Einsatz im Dienste des Vaterlandes leisteten. Sie hätten aber ebenso die Pflicht, dieses Vaterland, ihrer aller Deutschland, zu verteidigen, da es in großer Gefahr sei und von allen Seiten bedroht werde. Nun sei der Zeitpunkt gekommen, wo jeder beweisen könne, daß er für das Deutsche Reich mit seiner Person einstehe. Er könne ihnen mitteilen, daß alle deutschen Konzentrationslager-Insassen ab sofort keine Häftlinge mehr seien, sondern nach einer Probezeit wieder als vollwertige Mitglieder in die deutsche Volksgemeinschaft aufgenommen würden. Alle, die hier angetreten seien, würden, soweit sie noch gesundheitlich dazu imstande seien, an der Waffe ausgebildet und zur Waffen-SS zusammengefaßt. Sie seien nun fast freie Männer, doch sie dürften das Lager noch nicht verlassen.

Hauptsächlich die deutschen politischen Häftlinge waren gegen die angekündigte militärische Ausbildung, da sie mit Recht fürchteten, im letzten Augenblick des Untergangs von den Nazis noch an die Front und in den sicheren Tod geschickt zu werden. Andere wehrten sich nicht gegen eine militärische Ausbildung, da sie hofften, Waffen in die Hand zu bekommen, die sie dann aber gegen die SS und gegen die Nazis richten wollten. Sollten doch nun die KZ-Häftlinge, die jahrelang von den Nazis geschlagen und gefoltert, gedemütigt und entwürdigt worden waren, ihnen auch noch helfen, daß ihr Regime der Unterdrückung, des Rassenwahns und des Mordens erhalten bliebe!

Vor der Evakuierung des Lagers wurden an etwa hundert deutsche »Arier« schwarze Uniformen und Waffen verteilt; sie sollten der SS bei der Bewachung der Häftlinge behilflich sein.

28 Kontakt zur Widerstandsorganisation im Lager

Bereits im Frühjahr 1944 war beim Häftlingskrankenbau ein sogenannter Schonungsblock eingerichtet worden. Nach einem kurzen Aufenthalt in der internen Abteilung des Krankenbaus wurde ich eines Tages in diesen Schonungsblock überstellt. Der Blockälteste war Paul, ein deutscher politischer Häftling. Er verhielt sich menschlich und tat alles mögliche, um den Häftlingen in seinem Block das Lagerleben zu erleichtern. Noch heute sehe ich ihn vor mir: ein junger, schlanker, hochgewachsener Häftling, der seine Position als Blockältester nicht zu seinem Vorteil ausnutzte. Brot, Margarine und Suppe mußten die Stubendienste vor seinen Augen genau teilen und an die Insassen des Blocks ausgeben. Auch solche Deutsche gab es!

Neben mir lag ein Landsmann, Arnost Tauber aus Prag, ein »alter« Häftling, der bald nach dem Einmarsch der deutschen Truppen in die Tschechoslowakei im Jahre 1939 verhaftet, nach Buchenwald eingeliefert und von dort im Oktober 1942 nach Buna-Monowitz transportiert worden war. Wir hatten in diesen Tagen Zeit für lange Diskussionen. Er vertraute mir und erzählte mir schließlich von der Widerstandsarbeit im Lager. Er bot mir an, der Widerstandsgruppe beizutreten. Bald darauf wurde ich aus dem Schonungsblock in die Desinfektionsstation des Krankenbaus überstellt. Zu dieser neuen Arbeit unter Dach und ohne Schläge hatte mir bereits die Widerstandsorganisation verholfen, Arnost Tauber und der Blockälteste Paul. Das war nicht einfach für die beiden, weil der Häftlingskrankenbau-Lagerälteste Budziaszek nur seine Landsleute, polnische Häftlinge, aufnehmen wollte. Dem Schreiber des Krankenbaus, Stefan Heimann, gelang es aber, mir die neue Position zu verschaffen. Auch Stefan war Mitglied der Führungsspitze des Widerstandes in Buna.

Für die jüdischen Häftlinge war es in Buna sehr schwierig, sich zu organisieren. Zuerst bildeten sich Keimzellen im Häftlingslager. Die Mitglieder waren hauptsächlich Landsleute, Freundesgruppen und Gesinnungsgenossen, die sich aus der Freiheit kannten oder länger in Haft, sogenannte »alte« Häftlinge, waren. Die einzelnen Gruppen mußten sehr vorsichtig zusammenarbeiten. Grundsatz war, daß jedes Mitglied nur seine Gruppe kannte. Die Anfangsaufgabe solcher Gruppen bestand darin, ausgesuchte Häftlinge mit zusätzlichem Essen und warmer Bekleidung zu versorgen, ihnen zu guten Kommandos zu verhelfen und auf diese Weise ihr Leben, soweit es unter den gegebenen Umständen möglich war, zu sichern. Die Widerstandsorganisation hatte sich das Ziel gesetzt, das Leben im Lager für die Häftlinge erträglich zu machen. Sie bemühte sich, politische Häftlinge in leitende Stellungen – Blockälteste, Kapos, Schreiber und andere Funktionen – zu schleusen und so den Einfluß der Schläger-Funktionäre zu schwächen. Das war im Jahr 1944 zum großen Teil gelungen. Die Häftlinge wurden nur noch von manchen Kapos und Blockältesten geschlagen, aber nicht mehr – wie in den Jahren 1942/43 – auf Schritt und Tritt ermordet. Im Kampf gegen die Schläger-Funktionäre kam es vor, daß ein »eifriger« Kapo in einer dunklen Ecke des Lagers tüchtig Schläge bekam, als Strafe für seine Taten. Ein Teil der sadistischen Kapos wurde mit Hilfe der Häftlingsschreibstube mit einem Transport in ein anderes Lager geschickt. Die SS-Führung durfte natürlich von diesem Kampf nichts erfahren, und so blieben manche Totschläger an der Spitze des Lagers, aber ihre Tätigkeit war bereits eingeschränkt. Die verbesserten Verhältnisse in Buna bedeuteten für die noch Lebenden und für die Neuzugänge viel, aber Selektionen wurden von der SS weiterhin durchgeführt. Geschwächte oder Kranke wurden bis zum Oktober 1944 nach Birkenau ins Gas geschickt. Diese Verluste konnte die kleine Widerstandsgruppe nicht verhindern.

Im Herbst 1944 kamen Häftlinge aus Majdanek nach Buna, weil dieses Lager wegen der sowjetischen Offensive evakuiert werden mußte. Die Häftlinge aus Majdanek erzählten, daß bei der Evakuierung ein Großteil der Insassen von der SS getötet worden war. Wir in Buna mußten damit rechnen, daß mit uns das gleiche geschehen würde, sobald die Front sich Auschwitz näherte. Unsere Kampfgruppe entschloß sich, eine Massenflucht aus Buna zu organisieren.

Hinter dem Krankenbau stand beim Desinfektionskessel ein zwölf Meter hoher Blech-Schornstein, nur zehn Meter von den

Bei der Evakuierung des Lagers Auschwitz III Buna-Monowitz am 18. Januar 1945 kam es schließlich doch zu keinem Widerstand, da das Risiko eines Aufstands und einer Massenflucht als zu groß eingeschätzt wurde. Alle unsere Vorbereitungen und Pläne wurden also nicht durchgeführt. Unsere wenigen Revolver blieben unbenützt im Lager versteckt. Aber der Geist der Kampfgruppe hat uns in diesen letzten Monaten viel Kraft, Mut und Hoffnung zum Überleben gegeben.

29 Die Evakuierung

Am 17. Januar 1945 erloschen abends plötzlich die Scheinwerfer, die das Lager und den elektrischen Zaun beleuchtet hatten. Durch das Fenster sahen wir, wie hinter dem Zaun SS-Männer mit verdunkelten Taschenlampen hin- und herliefen. Von weitem war das Heulen von Alarmsirenen zu hören. Bald schon erzitterte die Luft von Sirenen, die einen Fliegerangriff ankündigten. Die SS-Posten kletterten von den Wachtürmen herunter. Am Himmel kreuzten sich die Lichter der Scheinwerfer. Irgendwo in der Ferne wütete bereits das Feuer der Flak. In das Rattern der Geschütze mischte sich von Zeit zu Zeit das dumpfe Geräusch detonierender Bomben. Es wurde hell wie am Tage. Am Himmel erschienen langsam fallende Leuchtkugeln, die blendendes Licht versprühten; vor diesem Licht verblaßten sogar die hellen Strahlen der Suchscheinwerfer.

Nach der Entwarnung gingen wir vor den Block und hörten von weitem dumpfe Detonationen. Mein Nebenmann Kolka, ein ehemaliger sowjetischer Offizier, sagte: »Das sind unsere Kanonen, ganz bestimmt, sie sind etwa 40 bis 60 Kilometer entfernt.« Mein Freund Honza kam zu mir und sagte: »Gerade habe ich erfahren, daß das Lager morgen evakuiert wird. Es wird ein sehr anstrengender Marsch werden. Die Kranken sollen im Krankenbau bleiben.« Lähmendes Entsetzen erfaßte uns. So sehr wir den Wunsch hatten, von Auschwitz wegzukommen, wollten wir beide uns doch lieber irgendwo im Lager verstecken und die Befreiung abwarten. Wir hatten schon früher ein Versteck auf dem Dachboden der Desinfektionsstube vorbereitet. Es war ein enger Raum, bot aber Platz für zwei Personen zum Liegen. Ein Entschluß wurde uns jetzt sehr schwer. Es bestand die große Wahrscheinlichkeit, daß die Zurückbleibenden von der SS liquidiert und die Baracken angezündet würden. »Wenn wir hierbleiben, sind wir zum Tode verurteilt. Marschieren wir, so haben wir noch eine sehr kleine Chance zum Überleben.« Wir erwogen das Für und Wider und kamen zu keiner Entscheidung. Ein Kamerad, Rudolf, wollte im Krankenbau bleiben. Ich dachte: Der ist doch nicht verrückt, er muß doch davon überzeugt sein, daß ihm nichts passiert. Möglicherweise hat man ihm einen »Tip« gegeben. Ich fragte Rudolf, warum er sich zum Bleiben entschlossen habe. Er antwortete: »Ich habe schon den Marsch aus Majdanek durchgemacht; ich glaube, daß ich keinen weiteren Marsch mehr durchhalte, und mir wird jämmerlich zumute, wenn ich mir vorstelle, durch den Schnee stapfen zu müssen. Ich sehe wieder den Marsch von Majdanek, und ich glaube immer noch, die hellen, scharfen Detonationen der Gewehre zu hören und meine Kameraden rechts und links fallen zu sehen. Diesmal würde mich wohl das gleiche Schicksal treffen. Davon bin ich überzeugt. Aus diesem Grund bleibe ich im Revier und werde mich nicht plagen und tagelang marschieren.« Als ich Rudolf zuhörte, war es nur noch ein Schritt bis zu meiner Feststellung, daß die Chance, leben zu bleiben, nur auf dem Marsch bestand und nicht im Lager.

Ich sah zu den Wachtürmen mit Maschinenpistolen und sagte zu Honza: »Ich verstecke mich nicht hier, das ist zu gefährlich, ich gehe auf Transport.« In den Augen meines Freundes sah ich Enttäuschung über diesen Entschluß.

Nach langem Hin und Her kamen Honza und ich jedoch überein, zu marschieren. Wir wollten die allerkleinste Chance, lebend aus diesem Elend herauszukommen, wahrnehmen. Wir hatten immer noch den Willen zum Leben, und der würde uns weiterhelfen. In dieser Nacht konnte ich nicht einschlafen. Von weitem hörte man ständig das Donnern der Artillerie. Über den dunklen Horizont wanderten die Lichter der Scheinwerfer.

Morgens verkündete der Blockälteste: »Das Lager wird evakuiert! Die Küche wird Trockenproviant ausgeben. Jetzt alle auf! Niemand darf sich vom Block entfernen! Zum Appell nimmt jeder seine Decke und seine Schüssel mit! Ruhig auf weitere Befehle warten! Disziplinlosigkeit wird mit dem Tode bestraft.«

Nachmittags bekamen wir jeder eine doppelte Portion Brot und ein Stück Margarine. Schließlich wurden wir zum letzten Appell aufgerufen. Die Kranken blieben im Krankenbau. Was würde mit den Kranken geschehen? Und was mit uns? Dann mußten wir uns auf der Lagerstraße aufstellen. Wir sahen, wie die SS im Krankenbau zusammenraffte, was irgendwie von Wert war. Vor dem Krankenbau standen bereits viele Kisten mit Apparaten und Material. Ich sah, wie das Röntgengerät auf einen Wagen geladen wurde. Schließlich hörten wir draußen vor dem Lagertor SS-Männer aufmarschieren. Sie waren gekommen, um uns zu holen. Die Gewehrschlösser knackten. Wortfetzen flogen zu uns herüber: »Gewehr immer schußbereit – fünf Schritte – beim geringsten Fluchtversuch sofort schießen – Verantwortung – Schonung ist nicht am Platze – jeden, der hinten bleibt, sofort erschießen – Kommando – Verstanden?«

Wie eine Salve ertönte ein einziges: »Jawohl.«

Befehlshaber dieses traurigen Transportes war der SS-Hauptscharführer Moll, ehemaliger Kommandant der Gaskammern in Birkenau.

Spät am Nachmittag marschierten wir endlich durch das Tor des Lagers in Richtung Westen, auf beiden Seiten der Kolonne, vorne und hinten von vielen Posten bewacht. Lebewohl Buna! Ich habe dich überlebt!

Die ersten Kilometer des Marsches schwiegen alle. Sicher dachten sie dasselbe, was ich dachte: »Was wird aus uns werden?«

»Klapp, klapp, klapp ...« machten die Holzpantinen. Dazwischen tönten die festen Schritte der SS-Posten. Sie hatten die Kragen ihrer warmen Mäntel hochgeschlagen, warme Handschuhe bedeckten ihre Hände, ihre Füße steckten in guten, festen Stiefeln, und ihre Ohren waren von warmen, gestrickten Schützern verhüllt.

»Pfui Teufel, so eine Kälte!« sagte einer der Posten. Die SS-Männer froren trotz ihrer warmen Kleidung. Kein Wunder also, daß wir in unseren Lumpen schlotterten. Von unten kroch die Kälte an uns herauf. Die SS-Männer gingen mit verbissenen Gesichtern und schußbereiten Gewehren neben uns her.

Unsere Kolonne von etwa zehntausend Häftlingen marschierte in Fünferreihen durch die Stadt Auschwitz. Es war kein Zivilist zu sehen. In dieser hellen, klaren Winternacht funkelten die Sterne am Himmel. Der verharschte Schnee knirschte unter unseren Füßen und erschwerte uns das Marschieren. Vorsichtig mußten wir Schritt vor Schritt setzen, um nicht auszurutschen. Aber unseren Bewachern war das Tempo zu langsam. Sie trieben zur Eile. Wohin wir gingen, wußten wir nicht.

Hinter der Stadt Auschwitz fielen die ersten Schüsse. »Die Partisanen«, war unser erster Gedanke. Aber es wurde wieder still. Je weiter wir marschierten, um so häufiger hörten wir Schüsse! Mein Nebenmann blickte mich fragend an: »Kannst du dir denken, was diese Schüsse bedeuten?«

»Vielleicht erschießt man diejenigen, die nicht weiterkönnen«, gab ich zur Antwort.

Bald darauf erblickten wir im Straßengraben etwas, das aussah wie ein weggeworfener Häftlingsmantel. Unter dem Mantel zeichneten sich die Umrisse eines Menschen ab. Wir hörten immer mehr Schüsse und sahen immer mehr tote Kameraden im Graben liegen. Wir hatten nunmehr die Gewißheit, daß jeder, der nicht mehr marschieren konnte, erbarmungslos erschossen wurde. Die SS-Wachmannschaften des Trecks unter dem Kommando des ehemaligen Kommandanten der Gaskammern in Birkenau, SS-Hauptscharführer Moll, hatten Befehl, jeden zusammenbrechenden oder zurückbleibenden Häftling zu erschießen. Und die SS-Männer kamen dem Befehl prompt nach, obgleich niemand sie kontrollierte. Hinter unserer Kolonne jedoch fuhr ein Bus, in dem sich die SS-Mannschaft jeweils nach einigen Stunden des Laufens ausruhte.

Neben mir marschierten Hermann und Adolf und vor mir zwei Brüder, Otto und Miloslav, mit ihrem Vater. Der Vater war schon fünfzig Jahre alt. Dieses Alter in Auschwitz erreicht zu haben, grenzte an ein Wunder. Die Söhne hatten ihn drei Jahre lang im Lager geschützt, und mit großem Glück hatte er bis zu diesem Transport überleben können.

Wegen der großen Kälte rückte unsere Fünferreihe enger zusammen. Wir bildeten uns ein, daß uns dadurch wärmer würde. Mit jeder Stunde verließen uns die Kräfte mehr und mehr. Unsere Brotration hatten wir schon zu Anfang unseres Marsches verzehrt – was bedeutete schon ein Stück Brot für einen langen Marsch!

Später hatte ich das Gefühl, daß meine Füße mir den Dienst versagten. Obwohl mich zudem unerträglicher Muskelkater in den Oberschenkeln quälte, schleppte ich mich weiter, in dem Bewußtsein, daß Zusammenbrechen den sicheren Tod bedeutete. Die Unterhaltung zwischen mir und meinen Kameraden geriet ins Stocken. Jeder stierte vor sich hin und beschäftigte sich mit seinen eigenen, trüben Gedanken. Wir alle wußten, daß wir dem Tod näher waren als je zuvor. Erst wenn einer von uns strauchelte, kam wieder ein Gespräch in Gang. Wir redeten dem Strauchelnden Mut zu und bildeten uns ein, barmherzige Samariter zu sein, weil wir den anderen ermutigten. In Wirklichkeit aber meinten wir gar nicht ihn, sondern uns selbst. Unsere tröstenden Worte waren für uns selbst bestimmt.

Das elementare Schlafbedürfnis, das uns überfallen hatte und gegen das wir mit allen Kräften kämpfen mußten, wich langsam von uns, und wir konnten etwas freier und frischer marschieren. Ganz zaghaft begann sich am Horizont der Morgen abzuzeichnen.

Ich ging weiter und klammerte mich an das bißchen Leben, genau wie alle anderen, die ähnliche Gedanken wälzten und wie aufgezogene Automaten ihre Füße vorwärtsbewegten.

Das weiße Licht des Wintermorgens verbreitete sich. Wie ein weißes Leichentuch lag der Schnee auf den Feldern, die rechts und links unsere Straße säumten. Aber viele häßliche Flecke verunzierten das reine Weiß – die Leichen unserer erschossenen Kameraden. Still und friedlich lagen sie auf diesem Tuch. Wer von ihnen hätte geglaubt, daß der so heiß ersehnte Auszug aus Auschwitz ihnen den Tod bringen würde? Wer von ihnen hätte ahnen können, daß sein Leichnam einst in einem Straßengraben liegen würde? Mit allen möglichen Todesarten hatten wir uns vertraut gemacht. Mit Totschlagen, mit Vergasen und Verbrennen, mit Erschießen, mit Sterben durch irgendeine Injektion, mit Erhängen, am elektrischen Zaun – aber mit dieser Todesart hatte keiner von uns gerechnet.

An diesem kalten, nebligen Morgen befanden wir uns nach mehr als zwölfstündigem Marsch in einem Fichtenwald. Man befahl uns, stehenzubleiben. Umringt von SS-Männern, wurden wir auf eine offene Fläche am Rande des Waldes geführt. Der Schuppen einer ehemaligen Ziegelei des Ortes Nikolajew diente dort als provisorisches Lager für die Transporte aus Auschwitz. Gott sei Dank! Es gab doch nichts Ersehnenswerteres als ein Lager! Wenigstens werden sie uns hier etwas zu essen geben!

In dem Schuppen waren schon viele schrecklich abgezehrte Häftlinge verschiedener Nationalitäten versammelt. Die Küche gab einmal täglich Essen aus; es bekamen aber nur diejenigen Essen, die noch genug Kraft und Geschick besaßen, bis zum Kessel zu gelangen, wenn die Mahlzeit verteilt wurde. Die Kranken und Schwachen waren zum Hungertod verurteilt. Leichen türmten sich in dem Schuppen, in dem man sie lagerte, bis zum Dach, und es hausten Ratten dort.

Die SS-Wachmannschaft interessierte sich überhaupt nicht dafür, was im Lager geschah. Sie bewachten uns nur, damit niemand aus dem umzäunten Lager fliehen konnte. Am Rande der mit Draht umzäunten Fläche standen Wachbuden, vor denen die mit Maschinenpistolen bewaffneten SS-Männer hockten.

Mein Bekannter Emil wurde vom Fieber geschüttelt. Mit blutigen Flecken auf den eingefallenen Wangen lag er auf der Erde und flüsterte mit seiner schwachen Stimme, daß das Ende des Krieges nahe sei und daß er zu seiner Familie zurückkehren werde. Ein anderer Mithäftling, Jiri, träumte laut vom Essen und kratzte ständig seinen mit Geschwüren bedeckten Körper. Wir übernachteten in einem halbzerfallenen Gebäude. Der Betonboden war kalt und feucht, trotzdem schlief ich vor Übermüdung sofort ein.

Als ich zur provisorischen Latrine und zu dem Waschraum ging – beides zusammen in einem Bau untergebracht –, war der Weg dorthin von schwachen und kranken Kameraden gesäumt. Einige waren bereits tot, andere lagen im Sterben. Auch im Waschraum und neben der Latrine lagen Leichen. Manche waren nackt und hatten die Glieder im Krampf verrenkt; andere Häftlinge hatten ihnen vermutlich die Kleidungsstücke ausgezogen. Die noch Sterbenden lagen meist reglos da und schauten apathisch auf die anderen. Man merkte, daß sie sich schon von diesem Leben gelöst hatten und sich in einem Zustand befanden, in dem es keinen Schmerz, kein Verwundern mehr gab.

»Alle aus Buna antreten!«

Man führte uns jeweils zu fünfen auf einen leeren Platz vor dem Lager. »Im Gleichschritt – marsch!« ertönte das Kommando, und wir marschierten weiter nach Westen. Außer uns und unseren Bewachern war keine Menschenseele zu sehen. Erst vor einer Brücke entdeckten wir Militär.

Auf beiden Seiten der Brücke – dort wo die Übergänge für die Fußgänger waren – standen alle paar Meter Kisten, die untereinander mit Draht verbunden waren. Dynamit! Also mußte die Rote Armee ganz nahe sein.

Plötzlich tauchten Häuser auf, helle freundliche Anwesen mit Gärten und Gewächshäusern. Es war nun schon ganz hell. Aber seltsam, kein Mensch ließ sich auf der Straße sehen. Weit weg auf einem Gehöft sah ich zwei Männer stehen, und am Fenster hinter dem Schutz einer Gardine, bemerkte ich einen Schatten.

Weiter, immer weiter. Schreckte denn unser Geklapper die Menschen nicht auf? Lockte denn dieser riesige Häftlingstreck niemanden aus den Stuben, an die Fenster, in die Türen? Nein, niemand ließ sich blicken. Vor mir ging Roman. Er war aus dieser Gegend. Das Herz klopfte ihm wohl, als er die altvertraute Bauart seiner Heimatdörfer wiedersah. Im Schaufenster eines Ladens standen Puppen zum Verkauf, richtige Puppen, mit denen Kinder spielen. Daß es das noch gab, solch einen friedlichen Anblick!

Der Ort endete; wir marschierten wieder auf einer breiten Landstraße. Rechts und links Felder, so weit man sehen konnte. Keine Hügel, nur flaches Land. Darüber wölbte sich der graue Himmel. Sehr alte Ulmen standen auf einer Seite der Straße. Ihre knorrigen Äste sahen aus wie verkrüppelte Finger.

An diesem kalten 20. Januar 1945 trieben die SS-Leute unseren langen Zug weiter nach Westen. Wir erhielten nach Nikolajew keine weitere Verpflegung mehr. Auf der Landstraße trafen wir eine Abteilung deutscher Wehrmachtsoldaten. Sie marschierten ziemlich schnell und überholten uns, ohne uns die geringste Aufmerksamkeit zu schenken. Sie wirkten müde und deprimiert.

Irgendwann verließen unseren Kameraden Georg die Kräfte. Er wollte sich an den Rand der Straße legen. »Ich kann nicht weiter, laßt mich ... Ich will sterben!« Wir faßten ihn unter den Armen und redeten ihm zu, daß es bis zu unserem Ziel nicht mehr lange dauern werde. Er weigerte sich dennoch, weiterzugehen.

Unser Kamerad Adolf Stein, der noch in leidlich guter Verfassung war, nahm ihn auf den Rücken und sagte zu ihm: »Georg, du hast vier Jahre in Lagern durchgehalten, so kurz vor der Freiheit darfst du nicht aufgeben!« Nach einer Weile hatte sich Georg ein bißchen erholt, und mit der Unterstützung der Kameraden konnte er weitergehen. Unsere Reihen wurden immer dünner; manche wollten fliehen oder wählten freiwillig den Tod; sie liefen aus der Reihe oder konnten nicht mehr weitergehen und wurden gleich von den SS-Posten erschossen.

Auf einer Nebenstraße sahen wir plötzlich einen anderen Treck in gestreiften Kleidern marschieren. Als er sich uns auf einige hundert Meter genähert hatte, stellten wir fest, daß es Frauen waren. Es war ein jämmerliches Bild. Die meisten der ausgemergelten Frauenhäftlinge hinkten nach einem langen Marsch. Sie kamen vermutlich aus Birkenau.

Nach einigen weiteren Stunden verließen auch mich die Kräfte. Ich ging aber wie im Traum mit geschlossenen Augen automatisch weiter; ich hatte den Willen durchzuhalten, und alle meine Gedanken konzentrierten sich auf den einen Wunsch: am Leben zu bleiben.

Nicht nur ich hatte diesen Wunsch; auch alle die anderen, die schon im Graben lagen, hatten den gleichen Wunsch gehabt. Auch sie hatten ihren ganzen Willen und ihre ganze Energie aufgeboten, und trotzdem hatte sie die Kugel getroffen. Sie hatten einfach nicht mehr gekonnt. Für sie war der Moment gekommen, in dem ihre gesamten körperlichen und seelischen Kräfte verzehrt waren. Dieser Moment konnte bei mir ebenso kommen wie bei ihnen, denn ich war sehr müde. Meine Schmerzen in den Oberschenkeln machten sich wieder bemerkbar, und nur mühsam setzte ich meine Schritte. Heben konnte ich die Füße nicht mehr, ich ließ sie über den gefrorenen Schnee schleifen.

Wir schleppten uns weiter. Grausam plagte mich das Schlafbedürfnis, und zeitweise vergaß ich sogar die Schmerzen in meinen Beinen, weil ich meine ganze Energie darauf verwenden mußte, nicht zu stolpern. Ab und zu nahm ich etwas Schnee und rieb mir die Augen damit, was zwar in Wirklichkeit nicht viel half, aber allein die Einbildung, ich wäre dadurch wacher, genügte mir. Krampfhaft hatte ich die Augen aufgerissen und starrte in die Gegend, auf der Suche nach Beschäftigung für die Augen. Ich bekam Visionen und sah Dinge, die gar nicht wahr sein konnten, sah ganze Häuserreihen mit Menschen an den Fenstern, die uns zuwinkten. Wenn ich mich dann zusammenriß, war nichts weiter zu sehen als eine weite, weiße Fläche und der traurige Zug der Häftlinge. In beängstigend rascher Folge kamen die Schüsse, die den Tod eines Kameraden verkündeten. Immer öfter erwog ich, Schluß zu machen: vielleicht würde der SS-Mann gerade von mir glauben, ich sei schon erschossen und deshalb nicht mehr auf mich schießen, oder vielleicht würde es mir gelingen, mich so hinter einen Baum zu legen, daß die SS mich nicht bemerkte. Noch hatte ich aber soviel Verstand, um zu begreifen, daß dieses Spiel mit Möglichkeiten der Anfang vom Ende war. Natürlich bestand keinerlei begründete Aussicht, daß gerade bei mir solche glücklichen Umstände eintreten würden. Bei mir würde die Sache genauso enden wie bei allen anderen: Schuß in den Hinterkopf. Mit aller Intensität versuchte ich, mich in diese Situation hineinzuversetzen und stellte fest, daß ich keine Angst empfand. Daß ich den Schuß nicht fürchtete. So weit war ich also schon.

Hatte ich deshalb all die Leiden der vergangenen Jahre auf mich genommen, um am Schluß im Straßengraben zu verrecken?

Meine Eltern und mein Bruder traten mir vor Augen, so wie ich sie zuletzt auf der Rampe von Auschwitz gesehen hatte. Sollte ich sie niemals wiedersehen?

»Nur nicht stolpern und hinfallen«, hörte ich Adolfs Worte, »weil sich wahrscheinlich keiner findet, der noch so viel Kraft hat, anderen zu helfen. Haltet euch fest zusammen.«

Es fing an zu dunkeln, aber unser Marsch nahm kein Ende. Ich hielt mich an meinen Kameraden fest und lief mit geschlossenen Augen. Als ich sie wieder öffnete, war es schon dunkel. Ich sah Reflektoren, Wachtürme und Stacheldrähte: ein Lager. Es war das Konzentrationslager Gleiwitz, ein Nebenlager von Auschwitz. Am Eingang jeder Baracke standen Kapos mit Prügeln. Die ersten, die eintreten wollten, wurden mit Hieben empfangen. Natürlich zögerten daraufhin die anderen, weiterzugehen. Aber nun tauchten auch hinter uns Kapos auf, die einfach drauflosprügelten. »Weitergehen«, brüllten sie, »marsch, in die Blöcke, ihr verdammten Saujuden.«

Es entstand ein fürchterliches Gedränge. Jeder wollte den Hieben ausweichen und drängte nach vorne. Die vorne Stehenden wurden durch den Eingang gedrückt und hier von den Stöcken der Kapos in Empfang genommen. Wild droschen sie drauflos und legten in die Wucht ihrer Hiebe die ganze Wut, die sie seit Auschwitz aufgespeichert hatten. Nun waren sie endlich wieder die allmächtigen Herren über Leben und Tod ihrer Mithäftlinge. Von hinten wurden wir vorwärtsgeprügelt und in das Innere der Baracke gejagt, bis sie voll war. »Hinlegen« hieß das nächste Kommando. Wir lagen zu dritt in einer Koje. Es war ein unvergeßlicher Anblick: diese große, nüchterne Baracke und die auf den Kojen gelagerte Menschenmenge in Lumpen, elend, bleich, verhungert, mehr dem Jenseits zugehörig als dem Diesseits.

Ein junger Häftling mit einem uralten Gesicht saß an die Wand gelehnt und schlief. Ich konnte keinen Schlaf finden. Ich wartete auf irgend etwas und ahnte doch, daß es nichts Gutes zu erwarten gab. Ich lag, alle Glieder angezogen, in einer unbequemen Stellung, meine Beine dienten einem anderen als Kopfpolster. Jeder von uns versuchte, es sich zum Schlafen so bequem wie möglich zu machen, und das ging meist auf Kosten der übrigen. So entstanden im Dunkeln etliche Rangeleien, von wütenden Beschimpfungen in allen Sprachen begleitet. Plötzlich wurde Licht gemacht. Ohne ein Wort stürmten die Kapos auf uns zu, und rechts und links sausten die Knüppel nieder. Darauf wurde es wieder still. Endlich schlief ich ein.

Am nächsten Morgen wurde ich von lauten Stimmen geweckt. Man schleppte Kessel mit heißem Kaffee vorbei. Es mußte noch sehr früh sein. Die meisten Häftlinge erhoben sich, um Kaffee zu bekommen. Auch ich stand auf. Der junge Häftling mit dem alten Gesicht schlief noch immer an die Wand gelehnt, nur der Kopf war ihm tief auf die Brust gesunken. Ich ließ ihn schlafen. Er sah so müde und kraftlos aus. Als ich mit dem Kaffee zu meinem Platz zurückkam, standen einige um den jungen Häftling herum. Jemand neben mir sagte: »Hast ihm wohl Kaffee gebracht? Den kannst du selber trinken.« Ich hob den Kopf des Schlafenden. Er fühlte sich kalt an, die Augen waren geschlossen, das Gesicht hatte sich geglättet, er sah jetzt jünger aus, aber die Haut hatte die Farbe des Todes. So saß er da und schlief seinen letzten Schlaf.

Plötzlich erblickte ich meine Kameraden aus der Desinfektion. Josef und Simon sagten, daß sie keine Kraft hätten, weiterzumarschieren, und zeigten mir ihre wunden Füße. Sie wollten bei der nächsten günstigen Gelegenheit flüchten. Ich schloß mich ihrem Vorhaben ohne zu zögern an, weil auch ich am Ende meiner Kräfte war. »Aber wann und wie?« fragte ich mich.

»Alles antreten!« Alle drängten zum Ausgang, wie eine Herde Schafe. Draußen war es noch dunkel und ziemlich kalt. Wir stellten uns auf und wurden abgezählt. Wir froren. Am Horizont zeigte sich bereits der erste Tagesschimmer, als endlich der Befehl zum Abmarsch kam.

Durch die Morgenstille tönte wieder das Geräusch schlurfender Holzpantoffeln. Wir schleppten unsere elenden Körper vorwärts und kamen schließlich zum Güterbahnhof von Gleiwitz. Im Zwielicht des Morgens sah ich ganz deutlich auf den Gleisen einen langen Zug aus Güterwagen. Freudig stieß ich meinen Nebenmann an. »Siehst du die Waggons? Gott sei dank, es ist kein Bluff, wir werden wirklich verladen.« Auf den Nebengleisen stand ein Zug mit offenen Kohlewaggons. In diese wurden wir wie Tiere gepfercht.

Wir waren aber nicht unglücklich darüber. Sich vor der Kälte zu schützen war ja nur möglich, indem man eng zusammenrückte. Die SS-Männer hatten es eilig, sie brüllten ihre Befehle. Ein Teil der Häftlinge, die wie wir verladen werden sollten, stand noch auf der Rampe. SS-Leute versuchten vergeblich, sie noch in die überfüllten Waggons zu drängen. Etwa hundert Häftlinge mußten draußen bleiben.

Unser Zug war noch nicht abgefahren, als wir Gewehrschüsse hörten und das jämmerliche Geschrei der Unglücklichen, die auf der Rampe standen. Alle wurden von der SS bestialisch ermordet.

Endlich fuhr der Zug von Gleiwitz ab, hielt dann aber ständig unterwegs an. Nach einigen Stunden in den Waggons öffneten SS-Leute die Türen und befahlen: »Aussteigen!« Wir befanden uns im Freien, in der Nähe eines Waldes, erst einige Kilometer von Gleiwitz entfernt. Die Bahnstrecke war von alliierten Fliegern zerstört worden, und unser Zug konnte nicht weiterfahren. Also mußten wir wieder zu fünfen antreten und weitermarschieren. Simon, Josef und ich hielten uns zusammen in einer Reihe. Dicht neben mir ging ein junger SS-Posten. Er war etwa zwanzig Jahre alt. Dauernd knurrte er uns an: »Wollt ihr wohl laufen, ihr faulen Hunde! Wartet nur, ich werde euch laufen lehren!« Und er warf uns Blicke voll Wut und Abscheu zu.

Gierig sogen unsere Nasen den Duft des frischen Schnees ein, und unsere Augen erfaßten die Weite, die uns jetzt umgab. Der junge SS-Mann neben mir rief dem Posten vor ihm zu: »Guck mal, was ich für die Hunde mitgebracht habe!« Der Posten vorne drehte sich um. Der junge SS-Mann zeigte auf seine Taschen, die voll Munition für sein Gewehr waren. Er zeigte darauf und sagte grinsend: »Wenn die Hunde nicht gehen wollen, weißt du, dann ...« Dabei machte er mit seinem Gewehr eine entsprechende Geste. »Zweihundert Patronen habe ich bei mir, vielleicht sind es für heute zu wenig. Die Hunde sollen mich kennenlernen!«

Sein Vordermann grinste: »Besser nicht hier, lieber weiter draußen auf der Straße.« Beide lachten. Was ich für die SS-Männer empfand, die die hilflosen, ausgehungerten Häftlinge erschießen wollten wie auf einer Jagd, war keine Nächstenliebe.

An diesem dritten Tag unseres Marsches brachen noch mehr Häftlinge vor Erschöpfung zusammen als an den ersten zwei Tagen. Sie alle wurden von der SS-Begleitmannschaft niedergeschossen und am Straßenrand liegengelassen. Obwohl die SS-Leute doch selbst den baldigen Zusammenbruch ihres Regimes ahnen und fürchten mußten, daß der Tag, an dem sie zur Verantwortung gezogen würden, bald kommen konnte, metzelten sie weiter die erschöpften Häftlinge nieder.

Wir zogen stumm und etwas langsamer auf unbekannter, mit Schnee bedeckter Straße dahin und kamen wieder einmal in eine Ortschaft. Da sahen wir Frauen, Fußgänger, Radfahrer; sie verharrten einen Augenblick, um uns neugierig anzustarren, unternahmen jedoch nichts. Dieser Ort erschien uns wie ein Paradies. Geraffte kleine Gardinen an den Fenstern und blühende Blumenstöcke dahinter. Nein, das war wohl ein Traum, wir schritten durch den Traum vom freien Leben. Die SS-Männer teilten Schläge an jeden Häftling aus, der sich umwandte. Die zurückbleibenden Häftlinge wurden erst außerhalb des Dorfes erschossen: wahrscheinlich wagte es die SS nicht, in Ortschaften zu töten.

In den Nachmittagsstunden hörte man in einem Wald nahe der Ortschaft Kamen eine Schießerei. Unter den SS-Männern machte sich plötzlich große Unruhe bemerkbar. »Halt!« brüllten sie, und dann standen wir eine Weile in der Nähe des Waldes. Von vorne waren deutlich Gewehrschüsse zu hören.

Jemand rief »Partisanen! Partisanen!« Ob das unsere Bewacher oder die Häftlinge geschrien hatten, wußten wir nicht.

Simon sagte aufgeregt: »Jetzt wäre eine günstige Gelegenheit zu fliehen!«

Die SS-Männer standen zu zweit und redeten nervös miteinander. Nach einer Weile gingen sie wieder an ihre Positionen zurück. Dann plötzlich ein Befehl: »Alle hinlegen!« Die Posten schossen wahllos in den Wald. Ein Chaos brach aus, alle schrien durcheinander; ein Häftling in meiner Nähe fiel von mehreren Kugeln verwundet auf den mit Schnee bedeckten Weg.

In diesem hektischen Durcheinander sagte Simon hastig: »Jetzt oder nie!« und wir drei liefen so schnell wir konnten in den Wald hinein. Die Kugeln pfiffen neben und über unseren Köpfen. Plötzlich fiel Simon in den Schnee und rief mit zitternder Stimme: »Mich hat eine Kugel an der Hand erwischt; lauft weiter, laßt mich liegen!« Aber Josef und ich hoben ihn auf und rannten dann weiter in die Dunkelheit des Waldes. Immer noch hörten wir Schüsse. Simon konnte nicht mehr weiterlaufen, er hatte viel Blut verloren. Wir zogen ihm in einem Gebüsch mit großer Mühe die Drillichjacke aus und stellten fest, daß er am Oberarm getroffen war. Dann trugen wir ihn in das Unterholz des kleinen Wäldchens. »Noch etwas tiefer hinein bis zu dem Baum dort!« Aber unter der Last schwanden auch mir plötzlich die Sinne. Als ich die Augen wieder öffnete, blickte ich mich verwundert um und stellte fest, daß es bereits Abend wurde. Das Fichtenwäldchen und die mit Schnee bedeckte Heide dahinter schimmerten im schwindenden Licht.

Josef lag neben mir und sah mich an. Er zeigte nach links, wo er den Waldrand vermutete, und sagte: »Dort sind SS-Hundezwinger; ich bekam Angst und habe dich geschüttelt, aber du warst nicht wachzukriegen.«

Als es ganz dunkel war, brachen wir auf; Simon stützten wir unter den Armen. Der Weg durch den Wald war beschwerlich. Wir rutschten auf dem vereisten Schnee aus oder stolperten über Baumwurzeln, so daß wir öfter hinfielen. »Den Wald haben wir bald hinter uns«, ermutigte uns Josef, »dann kommen wir besser vorwärts.« Nachdem wir die Heide recht schnell durchquert hatten, erklommen wir einen mit Büschen bewachsenen Hügel und ruhten uns oben ein wenig aus.

Josef schwieg. Wir waren zwar der SS wie durch ein Wunder entkommen, aber noch längst nicht in Sicherheit. Simon konnte nicht mehr alleine stehen. Wieder stiegen wir einen Hang hinauf, der stellenweise mit Eis bedeckt war. Mein geschwollenes Bein schmerzte. Ich wollte mich einige Minuten ausruhen, aber Josef drängte vorwärts, weil die SS noch immer nur einen Steinwurf weit entfernt sei. Eine öde Landschaft umgab uns. Wir zitterten vor Kälte, waren völlig durchnäßt, und die feuchte Kleidung klebte uns am Leibe. Da sahen wir einen einsamen Bauernhof mit einer abgelegenen Scheune. Mit letzter Kraft stolperten wir hinein. Simon verbanden wir den Arm mit seinem Hemd; er stöhnte vor Schmerzen, und seine Augen glühten vom Fieber. Ich wollte zu den Bewohnern des Bauernhauses gehen, das einige hundert Meter entfernt war, und um Hilfe für Simon bitten, aber Josef befürchtete, daß man uns an die SS verraten würde. Also schliefen wir erst einmal erschöpft ein. Als ich wieder aufwachte, hatte ich das Gefühl, daß viel Zeit vergangen war. In der Nähe schien eine Schlacht zu toben, man konnte Kanonendonner, Explosionen und Maschinengewehrfeuer hören.

Josef hatte auch die Augen aufgemacht und fragte mit leiser Stimme: »Wo sind wir denn?« Er war so schwach, daß er nicht aufstehen konnte. Simon lag ohne Bewußtsein im Fieberschweiß, und sein verwundeter Arm war ganz rot. Ich schaute durch eine Fuge der Scheune hinaus. Draußen war nur die verschneite Landschaft zu sehen. Ich entschloß mich, ins Bauernhaus zu gehen, denn ich war der einzige von uns dreien, der noch dazu fähig war. Ich wußte, daß das sehr gefährlich war, da die deutschen Truppen in der Nähe waren. Aber Simon brauchte dringend Hilfe, Josef war sehr geschwächt, und ich fühlte mich vor Hunger unendlich matt. Nach einer Weile waren glücklicherweise nur noch vereinzelt Schüsse zu hören, die Geschütze schwiegen. Etwa dreihundert Meter war das Bauernhaus von der Scheune entfernt. Mühsam stapfte ich durch den tiefen Schnee. Endlich gelangte ich an die Türe des Bauernhauses. Ich sah niemanden, nur Kühe brüllten in einem Nebengebäude. Ich klopfte an die Türe, aber erst nachdem ich das Klopfen lauter wiederholt hatte, zeigte sich vorsichtig eine ältere Frau in der Tür. Ich sah sie nur einen Augenblick und hörte ihren Schrei: »Mein lieber Gott!« – und die Türe wurde wieder zugeschlagen. Ich wunderte mich nicht, daß die Frau sich erschrak: ich war schmutzig, abgemagert und sah in den gestreiften Häftlingskleidern sicher nicht wie ein normaler Mensch aus. Dann hörte ich hinter der Türe einen kurzen Wortwechsel zwischen der Frau und einer männlichen Stimme. Ein junger Mann öffnete kurz danach die Türe und fragte, was ich wünsche. Ich sagte ihm, daß ich Hilfe für meine zwei Kameraden brauche – erwähnte aber vorsichtshalber unseren Aufenthaltsort nicht –, und fragte, ob deutsche Einheiten in der Nähe seien. Der junge Mann antwortete, daß die Deutschen wahrscheinlich abgezogen seien, aber die Rote Armee sei noch nicht zu sehen. Daraufhin erzählte ich ihm, daß wir Auschwitzer Häftlinge seien und bat ihn, uns nicht an die Deutschen zu verraten. Nach kurzer Überlegung antwortete er mir, daß er sich auch verstecke, weil er vor einigen Tagen von der Armee geflüchtet sei. Ich war sehr erleichtert, beschloß ihm zu trauen und sagte, daß meine beiden Kameraden in der Scheune lagen und daß einer verwundet sei.

Es dämmerte schon. Der junge Mann holte zunächst Simon auf einem Schlitten ins Haus, und seine Mutter leistete ihm erste Hilfe. Sie konnte nur die Schußwunde saubermachen, mit einer Salbe bestreichen, verbinden und ihm ein Medikament gegen Fieber geben. Simons Hand sah schlimm aus. Er hatte hohes Fieber und war teilweise ohne Bewußtsein. Angeblich gab es in der Umgebung keinen Arzt. Es blieb uns nur die Hoffnung, daß die Rote Armee jeden Augenblick kommen konnte und Simons Wunde nicht lebensgefährlich war, da es sich um einen Durchschuß handelte: Die Kugel war nicht im Fleisch steckengeblieben.

Josef und ich wurden von unseren Gastgebern in einem Zimmer untergebracht, und dann wurde ein lange gehegter Traum Wirklichkeit: In einem Trog konnten wir uns baden und anschließend rasieren, wir bekamen reichlich gute, warme Suppe, und niemand hetzte uns. Nach einigen Stunden fühlten wir uns sehr gut. Man gab uns saubere Wäsche und Kleidung. Simon lag in einem anderen Zimmer; er aß auch ein bißchen Suppe, aber das Fieber ließ nicht nach.

Am nächsten Tag, dem 26. Januar, spähten wir durch das Fenster, aber wir sahen nur die verschneite Gegend und Wälder. Von weitem hörte man wieder Geschützdonner. Ich fragte mich, ob wir uns voreilig über unsere Freiheit gefreut hatten. Noch tobte in der Nähe die Schlacht, und das Kriegsglück konnte wechseln. Ich dachte daran, was uns bevorstünde, wenn das Gebiet von den

Deutschen zurückerobert würde... Der junge Mann meinte, daß ich alles zu schwarz sähe. Aber die Schießerei schien sich zu nähern. Der Kampf wurde immer heftiger, kam immer näher. Nach einer Weile hörte man viele Flugzeuge. Waren das die Deutschen? Der Geschützlärm verstummte, nur einzelne Schüsse fielen. Draußen wurde es langsam hell. Ich hatte die ganze Nacht nicht schlafen können. Der Schußwechsel kleinerer und größerer Geschütze setzte wieder ein und wurde so heftig und laut, daß ich das Gefühl hatte, wir schwebten in ernster Gefahr. Plötzlich rief mich Josef zum Fenster: »Siehst du den Panzer auf der Wiese, das ist die Rote Armee! Wir sind frei!« Wir umarmten und küßten uns und hatten Tränen in den Augen. Wir eilten zu Simon und schrien: »Wir sind frei!« Er konnte uns nicht antworten, aber seine Augen lächelten. Unser Gastgeber hatte ein weißes Bettlaken aus dem Fenster gehängt und uns gebeten, den Russen zu sagen, daß er uns aufgenommen habe und daß er ein Nazigegner sei. Das haben wir später getan, und Josef, der aus Bialistok stammte, bestätigte diese Tatsache auch in russischer Sprache.

Noch am Vormittag kamen die ersten sowjetischen Soldaten. Sie umstellten den Hof. Es waren nur wenige Männer. Drei von ihnen gingen mit den Gewehren ins Haus. Josef begrüßte sie auf russisch. Sie wollten ihm nicht glauben, daß wir ehemalige Auschwitz-Häftlinge seien, und wir mußten unsere Hände hochhalten, bis sie uns durchsucht hatten. Dann kam ein Offizier, und Josef zeigte ihm unsere eintätowierten Häftlingsnummern auf den linken Händen. Das überzeugte ihn davon, daß wir die Wahrheit sagten. Er entschuldigte sich, daß wir unsere Hände so lange hochhalten mußten, weil die Soldaten meinten, wir seien russische Wlassow-Verräter*.

Wir baten den Offizier um Hilfe für unseren Kameraden Simon. Er rief einen Sanitäter, der Simon behandelte und seine Einlieferung ins Lazarett für den nächsten Tag versprach.

* Der russische General Andrej Wlassow ging im Herbst 1942 zu den Deutschen über, um mit einem Freiwilligenheer aus sowjetischen Kriegsgefangenen gegen den Bolschewismus zu kämpfen. Nach Kriegsende wurde er von den Amerikanern den Sowjets ausgeliefert und am 1. August 1946 in Moskau gehenkt.

Simon wurde ins Lazarett Beuthen eingeliefert. Er lag dort sechs Wochen lang. Josef und ich gingen nach zwei Tagen Aufenthalt auf dem Bauernhof auch nach Beuthen. Dort warteten wir alle drei das Ende des Krieges ab, und Ende Mai 1945 fuhren wir in unsere Heimatorte zurück.

Später besuchte ich unsere Retter und Gastgeber in Kamen noch einmal und bedankte mich für ihre Güte.

Nun war ich also frei, aber was war mir von meinem bisherigen Leben geblieben? Drei Generationen meiner Familie waren in den Gaskammern vernichtet worden. Ich war einsam, allein in einer fremden, kalten Umwelt. Zwar vergingen die ersten Wochen in einem seltsamen, sinnbetäubenden Freiheitsrausch – ich konnte gehen, wohin ich wollte, konnte tun, was immer ich wollte –, doch traf ich auf abweisende, verständnislose Gesichter; die Umwelt wollte oder konnte meine Schmerzen nicht verstehen. Oder waren die Menschen vom eigenen Leid so verhärtet, daß ihnen jedes fremde Unglück wie eine unzumutbare Last erschien, eine Last, die sie nicht auch noch mittragen wollten? Allmählich wich mein anfängliches Glücksgefühl einer tiefen Enttäuschung. Kein warmes Nest erwartete mich, keine helfende Hand, die sich tröstend auf die meine legte, die meine körperlichen und seelischen Wunden pflegen wollte.

Am 27. Januar 1945 wurde mir die Freiheit geschenkt, aber noch heute, viele Jahre später, ist der seelische Schaden, der durch den Aufenthalt im Konzentrationslager verursacht wurde, nicht behoben; die vergangene Zeit hält mich immer noch umklammert. Nur langsam und zögernd lösten sich die seelischen Verkrampfungen in mir. Immer wieder träume ich auch heute noch, im Konzentrationslager inhaftiert zu sein. Ich kann die Folterungen, die fürchterlichen und bestialischen Brutalitäten der SS-Schergen nicht aus meinem Gehirn verbannen und vergessen.

Gerade in stillen Stunden steigen die alten Bilder grauenvoll in Gedanken vor mir auf – das wird wohl nie mehr vergehen.

Schülergespräch

Gesprächsteilnehmer:

Daniel Ackermann	Klasse 10a Holbeinschule
Daniela Ballenberger	Klasse 8b „
Nicole Dannheisig	Klasse 9a „
Christine Erler	Stadtschülerrat
Angela Schmidt	Klasse 10a Holbeinschule
Martina Weber	Klasse 10a „
Tibor Wohl	
Benjamin Ortmeyer	Lehrer Holbeinschule

Benjamin Ortmeyer: Warum haben Sie das Buch erst nach über 30 Jahren geschrieben? Wie ist es möglich, sich so genau an alles zu erinnern?

Tibor Wohl: Ich schrieb 1948 ein tschechisches Manuskript. Ich wollte es einem Verlag geben, doch sie sagten, sie bräuchten ein anderes Thema, es wäre zu traurig. 1978 wurde ich Rentner, erst da hatte ich Zeit, es in deutscher Sprache zu schreiben.

Nicole: Mich würde noch ein bißchen mehr Ihre Geschichte interessieren. Aus dem Manuskript weiß ich, daß Sie 19 waren und aus Prag kamen. Von Anfang an hat mich interessiert, aus was für Verhältnissen Sie kommen. Stammen Sie aus einer Großfamilie?

Tibor Wohl: Ja, wir waren eine große Familie; Großvater, der Vater hatte zwei Schwestern, meine Mutter hatte fünf Geschwister. Es waren drei Generationen.

Nicole: Lebten sie alle zusammen?

Tibor Wohl: Nein, einige haben auch in Prag gelebt.

Benjamin Ortmeyer: Hatte man in Ihrer Familie die drohende Gefahr vor dem Abtransport erkannt?

Tibor Wohl: Also, die deutschen Truppen marschierten am 15. 3. 1939 in Prag ein. Damals war ich 16 Jahre alt. Ich wußte nur, daß es seit 1935 in Deutschland Rassengesetze gab. Doch schon 1939 haben bei uns in Prag die Maßnahmen gegen Juden und »Zigeuner«, die Roma, begonnen. Sozialdemokraten und

Kommunisten und Mitglieder linksgerichteter Vereine wurden verhaftet. 1941 gab es die ersten Transporte von Juden. Meine Eltern wollten auswandern, doch alle Auswanderungen waren verboten. Von Vernichtungslagern hatten wir nichts gewußt. Ich habe erst von Auschwitz erfahren, als ich dort ankam.

Nicole: Wie sind Sie von zu Hause abgeholt worden?

Tibor Wohl: In Prag kam die Gestapo früh morgens; wir mußten uns anziehen und durften nur einen Koffer mitnehmen. Dann wurden wir in den Petschek-Palast, die Gestapo-Zentrale Prags, geführt. Nach zwei Tagen kamen wir aufs Messegelände, und von dort wurden wir nach Theresienstadt gebracht.

Nicole: Sie, Herr Ortmeyer, haben uns erzählt, wenn die Häftlinge abtransportiert werden sollten, hätten sie zur Täuschung noch Marmelade und Brot bekommen.

Benjamin Ortmeyer: Im Warschauer Getto war das so.

Nicole: War das bei Ihnen ähnlich?

Tibor Wohl: Nein. auf dem Weg nach Theresienstadt hatten wir noch Lebensmittel mit. In Theresienstadt konnte man auch noch Zivilkleidung tragen. Als es nach Auschwitz ging, bekamen wir unser Gepäck schon nicht mehr.

Benjamin Ortmeyer: Die Schüler fragten, ob Ihre Erlebnisse im Lager als Alltag bezeichnet werden können, oder sind dies besonders schlimme Ereignisse?

Tibor Wohl: Das war der Alltag.

Daniel: Inwiefern haben diese Erlebnisse Ihre Einstellung zum Leben verändert?

Tibor Wohl: Meine Einstellung zum Leben war normal. Ich setzte mir nie hohe Ziele. Wir machten uns nichts daraus, arm zu sein, aber am Leben wollten wir bleiben. Gesundheit und etwas zum Essen, damit waren wir zufrieden.

Daniela: Wie waren Sie denn im Lager gekleidet und was gab es zu essen?

Tibor Wohl: Im Frühjahr und Sommer bekamen wir dünne, gestreifte Kleider. Im Winter gab es einen Mantel, der etwas dicker war. Wir trugen Holzschuhe, entweder hatten sie keine anderen, oder sie wurden anderswo gebraucht. Die Kapos und die Blockältesten hatten alle Stiefel, weil sie meist Beziehungen zur Bekleidungskammer hatten.

Das Essen war so: 800 Kalorien pro Tag. Morgens nur Kaffee, mittags sogenannte Bunasuppe, das war der dünne Sud von Kohlrüben, und abends Brot, Margarine und Suppe. Das war nicht viel, denn wenn man jung ist, braucht man mehr Kalorien.

Daniel: Man hat die Häftlinge ja extra so schlecht gekleidet, um den Willen der Leute zu brechen.

Tibor Wohl: Ja, und zur Demütigung. Nach dem ersten Tag in Auschwitz waren wir keine Leute mehr, sondern nur noch Nummern. Meine Nummer war 71255.

Martina: Sie haben geschrieben, daß es Situationen gab, wo Sie am liebsten losgerannt wären, um sich erschießen zu lassen. Was hat Ihnen denn die Hoffnung gegeben, am Leben zu bleiben?

Tibor Wohl: Ich wollte überleben. Ich sagte mir, versuch doch weiterzumachen. Im Jahr 1944 wurde die Situation etwas besser, man half sich gegenseitig. Wir wurden auch nicht mehr so viel geschlagen. Die Kapos bekamen Angst vor der Widerstandsorganisation.

Daniel: Gab es keine Aufstände von Häftlingen?

Tibor Wohl: Doch, in Birkenau. In Buna wurde eine Vorbereitung zum Aufstand getroffen, aber es ist nicht dazu gekommen.

Angela: Ist es Ihnen nicht in den Sinn gekommen, als Aufseher tätig zu werden?

Tibor Wohl: Aufgrund meiner Erziehung und meines Charakters war ich dazu nicht geeignet. Die Häftlingsfunktionäre mußten viel schreien und manchmal auch die Mithäftlinge schlagen.

Daniel: Wie konnten die Nazis Auschwitz verschweigen?

Tibor Wohl: Auschwitz wurde 1941 als Vernichtungslager eingerichtet. Die Vergasung begann 1942. Ab Dezember 1941 bis Oktober 1942 war ich in Theresienstadt; niemand wußte dort etwas über Auschwitz. Ein Bekannter von mir, Lederer war sein Name, flüchtete 1943 aus Auschwitz. Er schmuggelte sich bis nach Theresienstadt durch und erzählte dort von den Gaskammern, doch die meisten schenkten ihm einfach keinen Glauben.

Angela: Es gab doch damals Zeitungsausschnitte, in denen zu lesen war, daß Häftlinge geflüchtet waren.

Benjamin Ortmeyer: Das war aus Dachau, und dort wurden die Menschen »nur« verhaftet. Vernichtungslager gab es erst ab Ende 1941, Anfang 1942. In Dachau wurden die SS-Männer ausgebildet. Es gibt einen Unterschied, der vielen Menschen nicht bewußt ist: zwischen einem KZ, in dem die Häftlinge arbeiteten – und gequält wurden –, und den Vernichtungslagern, wo die Menschen systematisch ermordet wurden. Die waren geheim, aber Dachau war bekannt.

Daniela: Waren denn in der Nähe keine Wohnhäuser, war das Lager völlig abgeschieden?

Tibor Wohl: In der Nähe des KZs Auschwitz waren keine Wohnhäuser. Aber von den Vernichtungslagern mußten viele Leute wissen. Fast jeden Tag kam in Birkenau ein Transport mit 1000, 2000 oder 10000 Leuten an. Die Eisenbahner z.B. mußten davon wissen. Auschwitz war riesengroß, Millionen von Menschen kamen dorthin. Jeder, der in der Nähe von Auschwitz wohnte, mußte wissen, daß da etwas nicht in Ordnung war. Denn der Geruch verbrannter Leichen hing ständig über der ganzen Gegend.

Daniela: Auf dem Todesmarsch zu anderen KZs wurden doch Menschen erschossen und in den Straßengraben geworfen. Irgend jemand muß sie doch gefunden haben!

Tibor Wohl: Ja, sicher, aber es war ja Krieg. Die Front kam immer näher, und da waren so viele Tote, daß das beinahe nichts Besonderes mehr war. Bei dem Todestransport im Januar 1945 wußten die SS-Männer schon, daß der Krieg verloren war. Sie haben trotzdem noch auf die Leute, die nicht mehr konnten, geschossen. Es ist unbegreiflich, daß die Leute bis zuletzt an Hitler glaubten. Und die Häftlinge, die erschöpft waren, wurden erschossen.

Daniela: Was war Ihr erster Gedanke, als Sie frei waren?

Tibor Wohl: Wo sind meine Eltern und mein Bruder? Ich wußte, daß sie nicht mehr lebten, aber trotzdem habe ich gehofft. Ich bin dann nach Prag in unsere ehemalige Wohnung, weil ich hoffte, daß vielleicht noch jemand da ist. Hoffnung hat man immer, aber keiner von meinen Verwandten ist zurückgekehrt.

Martina: Sie haben uns einmal die Frage gestellt, was wir darüber denken, warum die meisten Nazi-Verbrecher nicht bestraft wurden. Ich möchte die Frage mal umgekehrt an Sie stellen.

Tibor Wohl: Nach 1945 war ich nicht in Deutschland. Die Entnazifizierung wurde wohl schlampig durchgeführt. Die Richter der

Nazizeit, so habe ich gelesen, haben einander unterstützt bei der Verdunklung ihrer Tätigkeit, ja sie waren teilweise plötzlich »Widerstandskämpfer«. Wenn es zum Prozeß kam, mußte man hundertprozentige Beweise vorlegen. Doch es war keine Leiche da. Bei meiner Aussage bei einem Auschwitz-Prozeß gegen einen SS-Mann habe ich geschildert, wie die arbeitsunfähigen Häftlinge nach Birkenau transportiert wurden. Ich sah den SS-Mann, der dort zu ihnen stieg. Nach ein paar Stunden kam er mit den Kleidern zurück. Neubert, so hieß er, sei ausgestiegen nach dem Tor, sagte sein Verteidiger; beim Prozeß wußte er gar nichts von den Vergasungen. Er bekam trotzdem ein paar Jahre.

Daniel: Heute, wo die Naziverbrecher über 70 Jahre alt sind, werden sie bestraft.

Tibor Wohl: Ja, bis jetzt haben sie gut gelebt.

Martina: Ich möchte noch gerne wissen, ob Ihnen die Nummer damals, kurz nach der Nazi-Zeit, Probleme gemacht hat? Was fühlen Sie denn dann, wenn andere sie sehen?

Tibor Wohl: Wenn mich ältere Leute fragen, was für eine Nummer das denn sei, dann sage ich, daß es meine Telefonnummer ist, die ich nicht vergessen möchte. Obwohl ältere Leute genau wissen, was für eine Nummer das ist. Jüngeren Leuten erkläre ich es genau.

Martina: Und schauen junge Leute oft hin?

Tibor Wohl: Ja, wenn sie sie sehen, fragen einige, andere auch nicht.

Daniela: Könnte man die Nummer eigentlich entfernen?

Tibor Wohl: Ja, man könnte sie durch eine Operation entfernen. Aber warum soll ich sie entfernen lassen?

Daniela: Genau das wollte ich sie fragen: Warum nicht?

Tibor Wohl: Nein, also ich muß mich nicht schämen, daß ich das überlebt habe!

Daniela: Finde ich gut, daß Sie so denken!

Daniel: Man sieht es auch bei den Leuten, die in der SS waren, die haben die Blutgruppen eintätowiert. Man kann also auch sie daran erkennen!

Tibor Wohl: Die meisten ließen das entfernen.

Martina: Wie war das, als Sie nun frei waren, Ihre Eltern suchten und erfuhren, daß sie nicht mehr lebten? Wie haben Sie dann eigentlich wieder Kontakt zur Welt bekommen? Oder wie schwer war das?

Tibor Wohl: Ja also, das war die schlimmste Zeit nach dem Lager, ja, das war wirklich schlimm. Man war verlassen, die Umgebung war fremd, und die Leute hatten andere Sorgen. Sie wollten Brot und Fleisch und hatten kein Interesse an anderen Menschen. Es hat schon ein paar Monate gedauert, bis man an Arbeit kam, und die Existenz hat einem Sorgen bereitet. Später habe ich geheiratet und ein »normales« Leben begonnen. Man ist schon irgendwie in die Reihe gekommen, aber der Anfang war sehr schwierig.

Die Geschichte des Vernichtungslagers

(Hermann Langbein hat eine Studie über die Probleme verfaßt, mit denen sich diejenigen auseinandersetzen mußten, die als Gefangene oder als Bewacher in Auschwitz waren. Er hat diesem Buch den Titel »Menschen in Auschwitz« gegeben. Mit Genehmigung des Autors und des Europaverlages Wien wird im folgenden aus diesem Buch zitiert.)

Auschwitz liegt zwischen Krakau und Kattowitz. Dieses Gebiet wurde nach der Besetzung Polens durch die Deutschen zu Oberschlesien geschlagen. Die Geschichte des Lagers begann nicht viel anders als die anderer Konzentrationslager, die während des Krieges eingerichtet wurden. Bereits Anfang 1940 ist der Plan entstanden, bei Auschwitz ein Lager zu errichten, wie einem Bericht des SS-Hauptamtes vom 25. Januar dieses Jahres zu entnehmen ist. Anfang Mai wurde Rudolf Höß, bis dahin Schutzhaftlagerführer in Sachsenhausen, zum Kommandanten ernannt. Er brachte von dort nicht nur den Rapportführer Gerhard Palitzsch, sondern gleich auch dreißig deutsche Häftlinge mit, die die wichtigsten Funktionen innerhalb der Häftlingshierarchie bekleiden sollten. Fast alle waren Kriminelle, die sich nach Ansicht der SS bereits in Funktionen bewährt hatten. Am 14. Juni 1940 wurden die ersten 728 Polen nach Auschwitz eingeliefert; damit beginnt die Geschichte dieses Lagers.

In jedem neu errichteten Lager war die erste Zeit des Aufbaus besonders hart für die Häftlinge. Diejenigen Polen, die sie überleben konnten, hatten Lagererfahrung gesammelt und entwickelten leicht ein Gefühl der Überlegenheit denjenigen gegenüber, die später ins Lager kamen. Die drei- und vierstelligen Nummern auf ihrer Häftlingskleidung waren eine Art Legitimation dafür, daß sie das Schwerste überstanden hatten; eine Legitimation, die nicht selten auch von der SS respektiert wurde. Dadurch entstand eine Vorrangstellung der Polen.

Der Kommandant von Auschwitz erhielt im Sommer 1941 von Himmler unter vier Augen den Befehl, sein Lager für die »Endlösung der Judenfrage« auszubauen. Mit diesem Ausdruck umschrieben die Nationalsozialisten den Völkermord an den Juden.

Im Oktober 1941 wurde etwa 3 Kilometer nordwestlich des Lagers – das später Stammlager genannt wurde – mit dem Bau eines Lagerkomplexes von bisher unbekannten Dimensionen begonnen; in rund 250 Baracken sollten 200.000 Gefangene untergebracht werden. Dieser Komplex, der aus einer Vielzahl von Einzellagern bestand, wurde Birkenau genannt. Der Name der polnischen Ortschaft, die auf diesem Gebiet stand und niedergerissen wurde, war Brzezinka. Birkenau ist eine Verdeutschung dieses Namens. Russische Kriegsgefangene, die im Herbst und Winter nach Auschwitz gebracht worden waren, sind zum Bau eingesetzt worden. Fast alle gingen dabei zugrunde. Von mehr als 13000 blieben weniger als 200 am Leben.

Im März 1942 wurde mit der Belegung des Birkenauer Lagerkomplexes begonnen. Bis zur Evakuierung konnten nicht alle Ausbaupläne realisiert werden.

Anfang September 1941 griff man in Ausführung des Himmler-Befehls, nach einem Mittel zu suchen, mit dem viele Menschen gleichzeitig ohne großen Aufwand getötet werden könnten, das erste Mal zum Giftgas. Russische Kriegsgefangene und Arbeitsunfähige aus dem Krankenbau waren die ersten Opfer. Das Giftgas Zyklon-B, das zur Ungeziefervertilgung in Auschwitz gelagert war, bewährte sich dabei in den Augen der Lagerführung.

Zwei Bauernhäuser, die von dem Dorf Brzezinka stehen gelassen worden waren, wurden zu Gaskammern umgebaut. Im Januar 1942 sind die ersten rein jüdischen Transporte – sie kamen aus dem benachbarten Oberschlesien – dort ermordet worden. Wie in allen Vernichtungsstätten, zwang auch in Auschwitz die SS Häftlinge, ihr alle Arbeiten, die mit dem Wegräumen und Verbrennen der Leichen zusammenhingen, abzunehmen. Diejenigen, die dafür bestimmt wurden, sind in sogenannten Sonderkommandos zusammengefaßt worden.

Seit dem 26. März 1942 wurden Judentransporte von dem Reichssicherheitshauptamt nach Auschwitz dirigiert; die ersten aus der Slowakei und Frankreich. Anfangs wurden alle als Häftlinge ins Lager eingewiesen. Da im ersten Transport Frauen aus der Slowakei deportiert wurden, ergab sich die Notwendigkeit, ein Frauenlager einzurichten. Einige Blöcke im Stammlager wurden zu diesem Zweck abgetrennt. Am 16. August wurde das Frauenlager nach Birkenau verlegt, das damals dafür in keiner Weise vorbereitet war. Höß schrieb: »Im Frauenlager waren in jeder Hinsicht stets die schlechtesten Verhältnisse.«

Während die anfangs mit RSHA-Transporten Deportierten zur Gänze ins Lager gekommen waren, wurden später diese Transporte bei der Ankunft einer Selektion unterworfen. Die erste Selektion dieser Art kann am 4. Juli 1942 nachgewiesen werden.

Die Deportationszüge rollten tagaus, tagein. Bald reichten die improvisierten Gaskammern nicht mehr aus. In Birkenau wurden vier große Krematorien errichtet, jedes mit einer eingebauten Gaskammer. Elektrische Aufzüge brachten die Leichen zu den Öfen. Die modernen

Gebäude von außergewöhnlichen Dimensionen – in den beiden größeren Krematorien konnten in eine Gaskammer je 2000 Menschen hineingepreßt werden – waren der Stolz der Zentralbauleitung der Waffen-SS und Polizei.

Diese Daten markieren die Periode, in der Auschwitz zu einem Vernichtungslager ausgebaut wurde.

Wie schnell das Lager seit dem Beginn der RSHA-Transporte wuchs, illustrieren folgende Zahlen: Von Juni 1940 bis Ende März 1942 sind rund 27000 Häftlingsnummern ausgegeben worden. In dem folgenden Jahr bis März 1943 erhielten rund 135.000 Menschen eine Auschwitzer Häftlingsnummer.

Verschiedene Einflüsse führten im Verlauf der zweieinhalb Jahre, die das Vernichtungslager bestand, zu Veränderungen im Lagerklima. Anstoß dafür gab in erster Linie die allgemeine Entwicklung in dieser Zeit.

Zu Beginn herrschte auch in Auschwitz noch das System, das vor dem Krieg in allen Konzentrationslagern entwickelt worden war: Arbeit sollte Strafe sein. Konsequenterweise wurde häufig sinnlose Arbeit befohlen, die besonders quälend ist. Aus der KZ-Literatur sind zahlreiche Beispiele dafür überliefert worden. Steine mußten im Laufschritt von einem Platz zu einem anderen getragen, dort sorgfältig aufgeschichtet werden, um dann – wiederum im Laufschritt – auf den alten Platz zurückgetragen zu werden; oder ähnliches.

Völlig hat die SS auf diese Methode der Quälerei nie verzichtet. Doch schon bevor Auschwitz zum Vernichtungslager ausgebaut wurde, kündete sich eine Wende an. Die Kriegswirtschaft forderte Arbeitskräfte. Wie sehr davon auch die Lager betroffen wurden, zeigt ein Schreiben Himmlers vom 26. Januar 1942, in dem er dem Chef der Inspektion aller Konzentrationslager mitteilte, daß er in den nächsten vier Wochen 150.000 Juden einzuweisen beabsichtige, denn »große wirtschaftliche Aufgaben und Aufträge werden in den nächsten Wochen an die Konzentrationslager herantreten«.

Um die Rüstungsindustrie mit Arbeitskräften zu versorgen, wurden in der Umgebung aller Lager bei Fabriken, Gruben oder Steinbrüchen Außenlager gebaut und als Arbeitslager eingerichtet. Dadurch fielen die langen Anmarschwege der Gefangenen zu den Arbeitsplätzen weg. Im Sommer 1942 entstanden die ersten Arbeitslager auch bei Auschwitz. Im Oktober desselben Jahres ist bei den Buna-Werken der IG-Farben wenige Kilometer östlich von Auschwitz ein Arbeitslager aufgebaut worden, welches nach der benachbarten Ortschaft Monowitz benannt wurde und sich zum größten Außenlager und der Zentrale aller anderen Arbeitslager entwickelte. Nach der Niederlage bei Stalingrad verstärkte sich diese Entwicklung. Insgesamt bestanden 39 Außenlager, allerdings nicht gleichzeitig. Während laufend neue errichtet wurden, sind vereinzelt Außenlager auch aufgelöst worden.

Andere Veränderungen im Lagerklima wurden durch eine interne Entwicklung verursacht, die dadurch ausgelöst wurde, daß die Zentrale häufig Überstellungen von einem Lager zu einem anderen anordnete.

Im Herbst 1942 befahl Himmler, daß sämtliche im Reich gelegenen Konzentrationslager judenfrei zu machen und die Juden nach Auschwitz zu überstellen seien. Ein größerer Transport aus Buchenwald wurde einer Selektion unterworfen, und diejenigen, die als arbeitsfähig klassifiziert wurden, kamen am 30. Oktober 1942 in das neu eingerichtete Außenlager Monowitz. Unter ihnen befand sich eine geschlossene, von Kommunisten geleitete Gruppe, die in Buchenwald reiche Lagererfahrung und Übung in konspirativer Tätigkeit gesammmelt hatte. Sie verstand es, in dem neu aufzustellenden Apparat der Häftlings-Selbstverwaltung auf Grund ihrer Erfahrung und ihres Zusammenhaltes einflußreiche Stellungen vor allem im Krankenbau zu bekleiden.

Es wurde eine Dreiteilung des Lagers vorgenommen, das sich zum größten Komplex unter allen Konzentrationslagern entwickelt hatte. Das Stammlager wurde als Auschwitz I bezeichnet, der Lagerkomplex von Birkenau als Auschwitz II, und die Arbeitslager bei den verschiedenen Rüstungsbetrieben, nun in Monowitz zentralisiert, wurden als Auschwitz III zusammengefaßt. Obwohl jedes dieser drei Lager einen eigenen Kommandanten erhielt, waren sie doch nicht ganz selbständig; Liebehenschel war sowohl Kommandant von Auschwitz I als auch Standortältester von Auschwitz und damit Vorgesetzter der Kommandanten von Auschwitz II und III. Die Politische Abteilung und das Sanitätswesen blieben wie bisher einheitlich für alle drei Lager. Häftlinge konnten von einem zum anderen Lager ohne die Formalitäten verlegt werden, die bei Überstellungen von einem KZ zu einem anderen üblich waren, auch ihre Kartei blieb zentralisiert. Später wurden Auschwitz I und II wieder zusammengelegt.

Liebehenschel leitete eine neue Epoche in der Geschichte von Auschwitz ein. Seine Reformen bezogen sich zuerst auf den Block 11, hatten doch die willkürlichen Erschießungen in diesem Block den Anstoß zu allen Veränderungen gegeben. Er stellte die periodischen Selektionen mit darauffolgenden Erschießungen im Bunker ein. Exekutionen wurden zwar auch später durchgeführt, doch weiter weg vom Lager, in den Krematorien in Birkenau. Er ließ die Stehzellen abreißen, die keinen Platz zum Sitzen oder Liegen boten und in die bis dahin Häftlinge strafweise eingeschlossen worden waren. Er erließ eine generelle Bunkeramnestie und ließ später die Schwarze Wand abreißen. Er hob ferner den Befehl auf, jeden bei einem Fluchtversuch Ertappten zu erschießen; unter dem Deckmantel dieses Befehls konnten Mißliebige ohne weiteres beseitigt werden, denn als

Vorbereitung zu einer Flucht konnte man alles mögliche deuten. Von nun an sollten aufgegriffene Flüchtlinge, die im Bunker auf ihre Hinrichtung zu warten hatten, in ein anderes KZ überstellt werden.

Liebehenschel blieb nur ein halbes Jahr in Auschwitz. Ein neuerlicher Kommandantenwechsel verschlechterte das Lagerklima. Am 8. Mai 1944 erschien Höß wieder in Auschwitz und übernahm die Funktion eines Standortältesten. Drei Tage später löste Richard Baer Liebehenschel in der Funktion des Kommandanten von Auschwitz I ab. Die schnell folgenden Maßnahmen ließen den Grund für diesen Wechsel erkennen: Höß setzte seine bewährten Helfer wieder in die Schlüsselstellungen im Vernichtungsapparat ein, aus denen sie entfernt worden waren. Am 16. Mai rollten die ersten drei Züge aus Ungarn ein; die größte Vernichtungsaktion begann, die der Juden aus Ungarn und Siebenbürgen, das damals zu Ungarn geschlagen worden war. Offenbar schien der Zentrale Liebehenschel nicht als der geeignete Mann für die reibungslose Abwicklung dieser beispiellosen Massentötung.

Da in der letzten Kriegsphase die Rüstungsindustrie immer energischer Arbeitskräfte anforderte, wurden diejenigen, die bei der Zugangsselektion als arbeitsfähig am Leben gelassen worden waren, »auf Eis gelegt«, wie die SS es nannte. Sie hatten in dem Birkenauer Abschnitt B II c und in einem noch nicht fertig ausgebauten Lagerabschnitt von Birkenau auf ihren Weitertransport in ein Arbeitslager zu warten. Da sie nicht in Auschwitz bleiben sollten, erhielten diese »aufs Eis« gelegten Gefangenen keine Auschwitzer Häftlingsnummern. Ihre Zahl kann daher nur geschätzt werden.

Die russische Front rückte näher. Im Juli 1944 befreiten russische Truppen Majdanek bei Lublin, das zweite KZ, das zum Vernichtungslager ausgebaut war. Überstürzt und kopflos hatte die Lagerführung sowohl die Evakuierung der Gefangenen – vor allem der Deutschen – als auch die Verwischung aller Spuren der Massenvernichtung versucht, was ihr aber nicht gelang. Unter dem Eindruck dieses Fehlschlages, der den Alliierten einen Einblick in die Methoden der Menschenvernichtung gab, begann damals die Auschwitzer Lagerführung mit Vorbereitungen zur Liquidierung des Lagers. Zuallererst wurden Unterlagen der Aufnahmeabteilung verbrannt, aus denen der Umfang der Vernichtungsaktion abgelesen werden könnte. Schon vordem war von der Zentrale angeordnet worden, russische und besonders polnische Häftlinge in andere Konzentrationslager zu überstellen, bei denen keine Gefahr bestand, daß die Gefangenen Verbindung mit der Außenwelt aufnehmen konnten.

Der Vernichtungsapparat, der für die Ungarn-Aktion und die daran anschließende Ermordung der Insassen des Lodzer Ghettos noch vergrößert worden war, wurde abgebaut, die Sonderkommandos reduziert, das heißt, die überflüssigen Häftlinge wurden getötet. In Kenntnis des ihnen drohenden Schicksals organisierten Gefangene dieses Kommandos einen verzweifelten Ausbruch. Sie konnten am 7. Oktober zwar ein Krematorium sprengen, nicht aber ihrem Schicksal entfliehen.

Noch immer rollten RSHA-Transporte nach Auschwitz. Am 3. November entschieden SS-Führer das letzte Mal an der Rampe mit einer Handbewegung über Leben oder Tod der Ankömmlinge. Dann wurde der Vernichtungsapparat, der mehr als zweieinhalb Jahre gearbeitet hatte, gestoppt. Ende November 1944 befahl Himmler die Zerstörung der Vernichtungsanlagen. Nur das Krematorium IV blieb intakt, damit die Leichen aus den Auschwitzer Lagern verbrannt werden konnten. In einer von einem Mitglied des Sonderkommandos verfaßten Chronik, die im November 1953 bei einem Krematorium ausgegraben wurde, ist darüber zu lesen: »Heute, am 25. November, hat man begonnen, das Krematorium I abzureißen. Dann soll das Krematorium II abgetragen werden.« Diese Eintragung endet mit den Worten: »Jetzt gehen wir, die 170 übriggebliebenen Männer, zu unseren Frauen. Wir sind überzeugt, daß man uns in den Tod führt. 30 Leute hat man ausgesucht, um sie im Krematorium IV zu belassen. – Heute, am 26. November 1944.«

Am 17. Januar 1945 zwang der Vormarsch der russischen Armeen die SS, die Evakuierung von Auschwitz zu befehlen. Bis zum 19. Januar war sie durchgeführt. Kranke und Pflegepersonal wurden zurückgelassen. Mit ihnen blieben einige zurück, die hofften, eher überleben zu können, wenn sie sich im Lager versteckten, als wenn sie in der Winterkälte den Evakuationsmarsch mitmachten. Nach bangen Tagen der Ungewißheit wurden die Zurückgebliebenen am 27. Januar von russischen Truppen befreit.

Auf den Evakuationsmärschen wurden alle, die nicht mehr weiterkonnten, erschossen. Die anderen wurden nach Mauthausen, Buchenwald oder andere Lager gebracht. Die letzte Phase in der Geschichte der Konzentrationslager, die mit den Todesmärschen von Auschwitz eingeleitet wurde, war durch eine Überfüllung der Lager, durch das Zusammenbrechen der Versorgung, durch Evakuierungen und Todesmärsche charakterisiert.

Dank des in Auschwitz praktizierten Systems, keine Häftlingsnummer zweimal auszugeben, ist ein recht genauer Überblick über diejenigen möglich, die als Häftlinge in diesem Lager registriert waren, also entweder auf gewöhnlichem Weg eingewiesen oder – mit einem RSHA-Transport deportiert – an der Rampe als arbeitsfähig bezeichnet worden waren. Diejenigen, die unmittelbar von der Rampe weg zu den Gaskammern geführt wurden, bekamen keine Häftlingsnummern, wurden nirgends registriert. Wie viele es waren, kann daher nur geschätzt werden.

Die Unterlagen, die im Museum von Auschwitz gesammelt und verarbeitet wurden, ergeben: Es waren 405.000 Menschen, die in Auschwitz länger oder kürzer zu leben hatten. Dazu kommen noch einige Zehntausende, die in der Zeit der Ungarn-Aktion und nachher in Birkenau »aufs Eis« gelegt wurden, um auf ihre Überstellung in ein Arbeitslager irgendwo in Deutschland zu warten; sie blieben unnumeriert, daher ist ihre Zahl nicht exakt zu rekonstruieren. Ferner sind etwa 30000 Menschen – vorwiegend Polen aus der Umgebung – als Polizeihäftlinge im Block 11 des Stammlagers eingesperrt gewesen. Sie hatten dort das Standgericht abzuwarten. Nur diejenigen, die vom Gericht als Häftlinge ins Lager eingewiesen wurden, erhielten eine Nummer und sind daher auch in der Zahl von 405.000 enthalten. Die große Mehrheit, die sofort erschossen wurde, blieb unregistriert. Fast ganz genau waren von den 405.000 ein Drittel Frauen und zwei Drittel Männer.

Die Unterlagen erlauben, das Schicksal dieser Häftlinge kennenzulernen. 261.000 von ihnen sind in Auschwitz gestorben – ermordet worden. Die Zahl der Entlassenen kann man außer acht lassen. Von Ausnahmen abgesehen sind nur Polen, die sich als Volksdeutsche bekannten, und Deutsche, die sich zur SS-Sondereinheit Dirlewanger gemeldet haben, freigelassen worden. Noch geringer ist die Zahl derjenigen, denen eine Flucht aus Auschwitz glückte. Die allermeisten von denen, die das Vernichtungslager überlebten, sind in ein anderes Lager überstellt worden; sei es mit einem der zahlreichen Transporte, die immer wieder von KZ zu KZ geleitet wurden; sei es mit einem der Evakuierungszüge. Wie viele von ihnen auf diesen Todesmärschen oder in anderen Lagern umkamen, kann nur vage geschätzt werden. Geht man davon aus, daß etwa 60000 »Auschwitzer« im Frühling 1945 die Freiheit wiedererlangten, so hat man keine zu niedrige Zahl angenommen.

Der Leiter der Politischen Abteilung, dem auch die Aufnahmeabteilung unterstand, die als einzige die Zahlen der unmittelbar bei der Ankunft Vergasten fixieren durfte, Maximilian Grabner, gab am 16. September 1945 in Wien zu Protokoll: »Es war eine solche Anzahl von Toten, daß ich jede Übersicht verlor und heute nicht mehr sagen kann, wie viele ermordet wurden. Es waren aber mindestens drei Millionen, solange ich Leiter der Politischen Abteilung Auschwitz war.« Grabner wurde etwa zur gleichen Zeit wie Entress im Oktober 1943 von Auschwitz versetzt. Auch der Oberscharführer dieser Abteilung, Wilhelm Boger, wurde im Jahr 1945 nach der Zahl der Opfer von Auschwitz gefragt. Er gab sie mit mehr als vier Millionen an. Zwei Jahrzehnte später hat er allerdings diese Aussage wesentlich abgeschwächt. Pery Broad wurde im März 1946 nicht wie die eben Genannten als Beschuldigter, sondern als Zeuge zum gleichen Thema vernommen. Er, der ebenfalls in der Politischen Abteilung tätig war, gab damals die Gesamtzahl der Vergasten mit zweieinhalb bis drei Millionen an. Alle diese Angaben wurden unmittelbar nach Kriegsende gemacht, als das Gedächtnis noch ungetrübt und keiner der Befragten durch andere Schätzungen oder Berechnungen beeinflußt war. Da die Aussagen unabhängig voneinander gemacht wurden, ermöglichen sie Schlüsse auf die tatsächliche Zahl der Opfer von Auschwitz.

Tibor Wohl,

geboren 1923, lebte nach dem Ende der nationalsozialistischen Diktatur in der Tschechoslowakei. 1969 kam er in die Bundesrepublik, nachdem er vorher schon im Frankfurter Auschwitz-Prozeß und in der DDR im Prozeß gegen den SS-Arzt Fischer ausgesagt hatte.

Für ihre Unterstützung danken wir:

der Stadt Frankfurt am Main
der Frankfurter Sparkasse
der Gesellschaft für christlich-jüdische Zusammenarbeit
den Farbwerken Hoechst
der Evangelischen Kirche Frankfurt am Main